중학교

인성 ③

윤문원 지음

씽크파워
THINK POWER

이 책의 구성과 활용

구성

3장으로 구성하여 1장은 주요 인성덕목(자아, 실력)이며, 2장은 인성교육진흥법에서 명시하고 있는 8대 인성덕목(예(禮), 효(孝), 정직, 책임, 존중, 배려, 소통, 협동)이며 3장은 예방 교육(학교폭력 예방, 자살 예방)입니다.

교과목과 연계

인성을 별도의 내용이 아니라 도덕, 사회, 국어 등 교과목과 연계하였습니다.

학습 목표

각 인성덕목에서 익혀야 할 주요 주제를 제시하였습니다.

스토리텔링

자칫 딱딱하기 쉬운 인성교육 내용을 재미있는 이야기를 통해 습득할 수 있습니다. 특히 많은 위인들의 이야기를 실어 이들의 삶을 본받을 수 있도록 하였습니다.

삽화, 사진, 명화

내용을 이해하기 쉽도록 삽화와 사진, 명화를 풍부하게 실었습니다.

명언

내용에 걸맞은 위인들의 명언을 통해 쉽게 이해할 수 있습니다. 아울러 명언을 한 인물을 소개하였습니다.

편지

인성덕목을 익히게 함에 있어서 주입식이 아니라 대화 형식의 서간체 편지를 실었습니다.

시

해당 인성덕목의 내용을 나타내는 시를 실었습니다.

읽기 자료

해당 인성덕목과 관련 있는 내용의 읽기 자료를 첨부하였습니다.

책 읽기

각 인성덕목의 내용과 관련 있는 책의 문장을 실었습니다.

실천하기

각 인성덕목을 생활에서 실천할 수 있는 내용을 열거하였습니다.

정리하기

각 인성덕목의 주요 내용을 요약하여 정리하였습니다.

확인하기

각 인성덕목의 내용을 문제를 통해 익힐 수 있습니다.

올바른 인성을 익히는 것은 인격과 직결되는 일이므로 매우 중요합니다. 이 책이 좋은 인성을 형성하는 데 도움이 되기를 바랍니다.

차례

PART 03 예방 교육

1 자아

 학습목표 • 자아의 의미를 이해할 수 있다.
• 자아를 발휘하는 삶의 실천 방법을 열거할 수 있다.

✼ 자아의 의미

🎤 나는 누구인가?

• 데카르트가 골몰한 것은 무엇일까?

데카르트(Descartes, 1596~1650)
프랑스의 철학자로 근대 철학의 아버지. 물리학자, 수학자이기도 함. 합리론의 대표주자로 저서 ≪방법서설≫에서 '나는 생각한다, 고로 존재한다. (Cogito ergo sum)'는 말이 유명함.

일과가 끝날 무렵 한 청년이 공원 벤치에 멍하니 앉아있었다. 공원을 청소하던 공원 관리인은 넋을 잃은 듯 힘없이 앉아있는 청년이 조금 수상해서 말을 걸었다. "젊은이. 당신 누구요?" 청년은 힘없이 대답했다. "글쎄요. 내가 누군지를 몰라서 생각하는 중입니다."

이상하게 생각한 관리인이 다시 물었다. "그러면 당신 집이 어디요? 어디서 왔어요?" 청년은 여전히 힘없이 대답했다. "그것도 잘 몰라서 생각하고 있는 중입니다."

이번에 관리인은 조금 강경한 어조로 물었다. "계속 여기 있을 거요? 어디 갈 데 없어요?" 청년은 역시 알 수 없는 말로 대답했다. "글쎄요 그것을 알았으면 벌써 여기를 떠나지 않았겠습니까?"

관리인은 엉뚱한 대답만 하는 청년이 더욱 수상하게 여겨졌다. 하지만 청년은 관리인의 미심쩍어 하는 표정은 신경도 쓰지 않은 채 자신이 받았던 질문에 골몰했다.

'나는 누구인가?'
'나는 어디서 왔는가?'
'나는 어디로 가는가?'
이 청년은 유명한 철학자 데카르트였다.

자아를 잃어가고 있는 현대인의 삶에서 자아 확립은 핵심가치이다. 자아는 '나는 누구인가?'에 대해 알고자 하는 과정에서 확인하게 되는 자신의 모습을 말한다. 내가 누구인지를 안다는 것은 개인적 존재로서의 자신의 모습과 사회적 존재로서의 자신의 모습을 제대로 이해하는 것을 의미한다.

자아는 내가 나로서 존재한다는 '나의 자기 동일성' 원리를 기초로 한다. 내가 나의 주인으로 사는 것, 나의 나됨을 온전히 확보해 충실히 실현하는 것이 바로 자아이다. 자신이 사회의 어떤 위치에 서 있으며, 사회가 자신에게 어떤 역할을 기대하는지, 그리고 어떻게 살아야 하며, 누구인지 깨닫는 것이다.

삶에서 인간의 취약함을 벗어나 인간의 진정한 가치를 찾기 위해서는 '인간이란 무엇인가?', '인생에는 어떤 목적이 있는 것인가?', '인간답게 산다는 것은 어떤 것인가?' 등의 질문을 스스로 하면서 살아가야 한다. 이런 의문에 대한 근본적인 해답을 얻으려고 노력하는 가운데, 정체성 확립으로 삶과 죽음, 인간과 세계, 현실과 이상에 대해 깊고 올바른 삶의 방향을 확립해 나갈 수 있다.

인간이란 끊임없이 자기 자신의 존재 의미를 확인하며 살아가는 존재이지만 현대인들은 심각한 경쟁과 물질주의 속에서 자아의 혼란을 겪으며 인간의 가치와 존엄성을 상실하고 있다. 현대인의 정체성 위기는 건전한 자아의식을 마비시킴으로써 자신의 삶을 주도적으로 이끌어가는 것이 아니라 피동적인 삶에 머물게 하고 있다. 자신의 목표가 아니라 사회가 요구하는 물결에 따라서 반복적인 생활을 거듭하고 있으며, 독자성을 잃어버리고 남의 시선을 지나치게 의식하고 유행을 좇는 삶을 살아가고 있다.

니체 어록

> 우리가 남의 평가에 민감한 것은 우리 안에 존재하는 노예근성 때문이다. 고대 노예제 사회에서 노예는 자기 자신을 주체적으로 평가하지 못했다. 노예를 평가할 수 있는 사람은 어디까지나 주인분이기 때문이다. 노예는 주인이 잘했다고 칭찬하면 기뻐하고 못했다고 지적하면 슬퍼한다.

니체(Nietzsche,
1844~1900)
독일의 철학자이자 시인.
저서로 ≪비극의 탄생≫
≪자라투스트라는 이렇게
말했다≫ 등이 있음.

지나치게 남의 눈을 의식하면 자기를 잃게 된다. 남의 시선과 평가에 너무 신경을 쓰고 남이 무시하지 않을까 걱정하지 말아야 한다. 남의 시선과 평가에 연연하면 자아를 상실할 수 있다. 다른 사람이 나를 어떻게 바라보느냐가 아니라 내가 나 자신에 대해 어떻게 느끼는지가 우선적으로 중요하다.

나 자신이 독특하다는 것을 믿고 그 누구도 아닌 자신의 걸음으로 자기 길을 걸어야 한다. 남들이 뭐라고 생각하든 누구나 몰려있는 줄에 설 필요는 없다. 나는 실존으로서의 나, 절대로 남과 바꿀 수 없는 독자성을 지닌 인간으로서의 내가 되어야 한다. 내 인생은 내가 사는 것이지 남이 절대로 대신할 수 없다. 남에게 보이기 위한 삶을 살아서는 안 되며 자신이 진정으로 원하는 가치 있는 삶을 살아야 한다.

키케로(Cicero, BC
106~BC 43)
고대 로마의 정치가, 철학자, 문학가, 웅변가. 저서에
≪의무론≫ ≪국가론≫
≪법률론≫ 등이 있음.

데코룸(decorum)
라틴어로 멋, 우아함, 잘
생김, 예절 등을 뜻함

🔆 자아를 발휘하는 삶

 키케로의 ≪의무론≫ 중에서

• 키케로는 아들에게 어떤 삶을 살기를 강조하고 있는가?

> 사랑하는 아들아! 모든 사람은 자신의 본성에 어긋나는 것이 아니라 자신에게 고유한 *데코룸(decorum)을 유지하게 해주는 특성이

있어야 한다. 그렇게 함으로써 자신이 지닌 고유한 본성의 보편적인 법칙을 따르게 되는 거야. 심지어 다른 어떤 더 중대하고 좋은 것이 있다 해도, 추구하는 바를 자신의 본성이 명하는 규범에 따라 판단하게 되는 것이다. 왜냐하면, 인간 본성에 대항하여 싸운다든가, 네가 도달할 수 없는 목적지를 가보려고 하는 것은 소용이 없기 때문이다.

네가 지니고 있는 고유한 특성이 무엇인가를 꿰뚫어보고 이를 잘 발휘해야지, 공연히 다른 사람의 특성이 자신에게 얼마나 맞는지 시험해 보려고 해서는 안 될 것이다. 왜냐하면, 각자에게 가장 고유한 특성이 있기 때문이다. 그러므로 너는 자신의 고유한 재능과 특성을 날카롭게 통찰하고, 자신의 장점과 결점들에 대해 정확한 판단을 내리도록 해야 한다.

≪의무론 De officiis≫
키케로가 아테네로 유학 간 그의 아들에게 보낸 편지를 모은 것으로 인간으로서 해야 할 도리와 인간이 참되게 사는 길을 제시하고 있음.

올바른 자아 정체성을 확립하기 위해서는 인생관을 정립해야 한다. 인생관이란 인생의 의미나 가치 등에 대한 전반적인 견해로서 '나는 어떻게 살아가야 하는가?' '바람직한 삶이란 무엇인가?'에 대한 생각이다. 인생관이 뚜렷한 사람은 삶의 목적과 방향을 명확히 하고 개성을 가지고 주체적이고 능동적으로 살아간다.

자아를 회복하여 나답게 살아가는 것은 능동적인 자세로 남의 입장에서 벗어나는 일이다. 자아를 가지고 진정한 '나'를 실현하겠다는 확고하고 강한 목표 의식이 있어야 한다. 시시각각으로 변하는 목표가 아니라 일관된 삶의 방향을 가져야 한다. 자신의 삶을 개척하는 신중하고도 진취적인 정신이 있어야 한다.

순간의 쾌락이나 허영에 자신을 맡기지 않도록 가치 있는 행동을 해야 한다. 정체성을 회복한 자아에 돌아오는 것은 자신이 자신을 결정하는 '자유'이다. 자아는 외부로부터 주어진 기성품이 아니라 나 자신에 의해 형성되어야 할 '존재'이며 '목적'이다.

11

자신을 아는 것

🎙 톨스토이 어록

> 우리는 많은 것을 알고 있고 매 순간 많은 일을 하고 있지만 가장 중요한 것을 빠뜨렸다. 우리는 쓸모없는 것은 너무도 많이 알고 있지만 정작 가장 중요한 우리 자신은 알지 못한다. 우리 안에 사는 영혼을 기억할 수만 있다면 우리의 삶은 완전히 달라질 것이다.

톨스토이(Tolstoy, 1828~1910)
러시아의 소설가. 사상가. 저서로 ≪전쟁과 평화≫ ≪부활≫ ≪안나 카레니나≫ 등이 있음.

자기 자신에서부터 출발해야 한다. 자아 발견을 통해 자신이 진정으로 좋아하는 일을 선택하고 최선을 다해 능력을 발휘해야 한다. 그래야 그 과정에서 삶의 보람과 즐거움을 얻을 수 있으며 나아가 공동체에 이바지하는 삶으로 이어질 수 있다. 개인적 존재로서의 자아와 사회적 존재로서의 자아가 조화를 이룰 수 있도록 해야 한다.

자아 발견을 위해서는 다른 사람에게는 없는 자신만의 독특한 특성이 무엇인지 찾으려고 노력해야 한다. 이를 통해 자신의 소망, 가치관, 능력 등을 발견하고 자신을 보다 명확하게 이해함으로써 자신에 대한 정체성을 확립해야 한다.

자신을 아는 일이 가장 어렵다. 자신을 알기 전에는 자신의 주인이 될 수 없으므로 자신을 철저히 알아야 한다. 자신을 알기 위해서는 내적 성찰에 귀를 기울여야 한다. 스스로 자기를 돌이켜보아야 하며 남이 평한 것을 들어보고 자신을 객관적으로 평가해야 한다.

꿈을 실현하기 위해서는 자신이 어떤 면에서 뛰어난지 분별력을 발휘해야 한다. 그 어떤 일에서 탁월함을 보이는 사람은 자신의 재능을 알고 발휘하고 있다. 많은 사람은 자신의 타고난 능력을 내버려두어 재능을 살리지 못하고 탁월함을 발휘하지 못한다. 자신의 재능을 알게 되면 이를 발휘하고 더욱 육성하고 보완해야 한다.

더 나아가 자신을 비판할 줄도 알아야 한다. 뛰어난 장점에 못 지않게 결점을 가지지 않은 사람은 없다. 결점을 방치하면 언젠가 어려움을 겪게 되므로 자신의 주요한 결점을 확실하게 알고 고쳐 나가야 한다.

🪁 자아를 실천하는 방법

- 나의 정체성을 살려 독창성과 차별성을 가지고 나답게 살아 간다.
- 뚜렷한 인생관을 세우고 삶을 주체적이고 능동적으로 살아 간다.
- 정체성에 근거를 둔 독자적인 원칙과 소신과 신념을 지닌다.
- 공동체의 일원으로 나의 역할을 소중히 여기고 수행을 위해 노력한다.
- 나에 대해 명확히 알고 나만의 독특한 특성을 찾으려고 노력한다.
- 나의 신체적 특징, 가치관, 소망, 성격, 적성, 능력 등 개인적 특성을 파악한다.
- 나를 둘러싸고 있는 현실적 여건을 파악하고 적극적으로 삶을 영위한다.
- 개인적 존재로서의 자아와 사회적 존재로서의 자아가 조화를 이루도록 한다.
- 유행을 좇는 행위를 하지 않고 쾌락적인 소비를 하지 않는다.

잃어버린 자아를 찾아서 〈카게무샤〉

'카게무샤'는 그림자 무사라는 뜻으로 일본의 전국시대 영주들이 전쟁에 나갈 때 자신과 비슷한 외모의 가짜 무사를 데리고 나가는 위장 전술을 사용하였는데 이 가짜 무사를 지칭한 것이다.

16세기 중엽, 천황은 상징적 존재였고, 그 밑에 각 지방의 영주들이 실질적 정부인 막부를 다스렸다. 영주들은 천하를 제패하기 위해 피비린내 나는 전쟁을 계속했다. 가장 강력한 영주 중 하나인 다케다 신켄은 천황이 거처하는 교토를 점령하고 일본을 통일하려는 야심을 가졌으나 노다 성 점령을 앞두고 적 저격병의 총탄을 맞고 죽는다. 중신들은 적뿐만이 아니라 아군까지 속이는 완벽한 카게무샤가 긴요하여 사형수에게 신켄의 대역을 맡기고 철저히 연습을 시킨다.

다케다 군대는 전쟁터에 출전하여 언덕 위에 카게무샤를 앉히고 그대로 움직이지 말라고 한다. 카게무샤는 총알이 날아오는 전쟁터에서 신켄과 같은 근엄함을 보인다. 다케다 군대의 뒤에서 산처럼 앉아 있는 신켄의 깃발을 확인한 오다 노부나가와 도쿠가와 이에야스의 연합군은 물러간다.

3년이 지난 후, 신켄만이 탈 수 있었던 흑마를 탄 카게무샤가 말에서 떨어진다. 카게무샤를 간호하러 온 사람들이 윗도리를 벗기자 신켄의 몸에 있어야 할 전쟁터에서 다친 칼자국이 없는 것이 밝혀지고 카게무샤는 쫓겨나 부랑자 신세가 된다.

다케다 가문은 신켄의 죽음을 밝히고 신켄의 아들 가츠요리가 후계자가 되어 정예부대 2만5천 명을 이끌고 오다 노부나가와 도쿠가와 이에야스의 연합군과의 전쟁을 펼쳤지만 처참하게 패배한다. 이때 카게무샤는 쫓겨나 갈대숲에서 지켜보다 창을 들고 돌진하다가 총에 맞아 비틀거리면서 피로 물든 강으로 가서 물결 속으로 사라진다.

• '카게무샤'가 자아를 잃고 어떻게 살아가는가?

책 읽기

《죽음에 이르는 병》
(키르케고르)

인간이란 정신이다. 정신이란 자기이다. 자기란 자기 자신과 관계하는 관계이다. 여기에서 자기란 단순한 관계가 아니고, 관계가 자기 자신과 관계하는 것을 의미한다. 인간은 유한함과 무한함, 시간성과 영원성, 자유와 필연의 종합이다. 종합이란 양자 사이의 관계이며 이것만으로는 인간은 아직 아무런 자기가 아니다. 양자 사이의 관계에서 관계 그 자체는 정반합의 변증법적 과정으로서의 종합을 의미하는 부정적 통일이다.

양자는 관계에 대해 관계하는 것이며, 그것도 관계 속에서 관계에 대해 관계하는 것이다. 예를 들면 인간이 정신이라고 할 경우, 정신과 육체의 관계는 그와 같은 관계이다. 이에 반해 관계가 그 자신에 대해 관계한다면, 이 관계야말로 적극적인 제삼자이며, 그리고 이것이 자기이다.

자기 자신과의 관계는 자기를 스스로 정

《죽음에 이르는 병》 키르케고르 육필 원고

립한 것이거나 아니면 다른 사람에 의해 정립된 것이거나 이 둘 중 하나이다. 그런데 자기 자신과 관계하는 관계가 다른 사람에 의해 정립될 경우에 그 관계는 제삼자인 셈이지만 그 제삼자는 다시 또 모든 관계를 정립한 것과 관계하는 관계이기도 하다. 이와 같은 과정을 거쳐 도출되어 정립된 관계가 바로 인간인 자기이다. 그것은 인간이 자기 자신과 관계하는 것이요, 동시에 자기 자신과 관계하는 것과 같이 타자와 관계하는 관계이다.

키르케고르(Kierkegaard, 1813~1855)
덴마크의 사상가로 실존주의 선구자.

• 인간이란 관계에 의해 그 정체성을 파악할 수 있다고 주장하고 있다. 인간이란 자기 자신과 관계하는 것이며, 동시에 타자와 관계하는 존재라는 것이다.

◉ 현대인의 삶에서 자아 확립은 핵심가치이다.

◉ 내가 누구인지를 안다면 자신의 모습을 제대로 이해하는 것이다.

◉ 자아는 내가 나의 주인으로 사는 것, 나의 나됨을 온전히 확보해 충실히 실현하는 것이다.

◉ 인간이란 끊임없이 자기 자신의 존재 의미를 확인하며 살아가는 존재이다.

◉ 남의 눈을 의식하면 자기를 잃게 된다.

◉ 나는 독자성을 지닌 인간으로서의 내가 되어야 한다.

◉ 올바른 자아 정체성을 확립하기 위해서는 인생관을 정립해야 한다.

◉ 인생관이 뚜렷한 사람은 삶의 목적과 방향을 명확히 하고 개성을 가지고 주체적이고 능동적으로 살아간다.

◉ 자신의 삶을 개척하는 신중하고도 진취적인 정신이 있어야 한다.

◉ 자아 발견을 통해 자신이 진정으로 좋아하는 일을 선택하고 최선을 다해 능력을 발휘해야 한다.

◉ 자아 발견을 위해서는 자신만의 독특한 특성을 찾으려고 노력해야 한다.

◉ 자신이 어떤 면에서 뛰어난지 분별력을 발휘해야 한다.

◉ 자신을 비판의 대상으로 할 줄도 알아야 한다.

확인하기

1　자아의 의미에 대해 서술하시오.

2　자아를 발휘하는 삶은 어떤 삶인지 서술하시오.

3　자신을 알기 위해서는 어떻게 해야 하는지 적어 보세요.

4　남들과 다른 나만의 고유함에 어떤 것이 있는지 적어 보세요.

5　자아를 실천하기 위해서는 어떻게 해야 할까요?

6　왜 현대 사회의 삶에서 자아 정체성을 잃기 쉬운지 적어 보세요.

---

2 실력

🔖 **학습목표** • 지식과 지혜의 중요성을 인식하고 실천 사항을 이해할 수 있다.
• 창의성의 의미를 이해하고 실천사항을 열거할 수 있다.

✳️ 지식

현대 사회는 브레인 파워의 시대 즉 지식 사회이므로 지식을 넓혀나가겠다는 마음은 삶에서 필수불가결하다. 지식이란 무엇을 해야 하고, 또 왜 하는지에 대한 이론적 ˚패러다임이다. 훌륭한 삶은 지식을 길잡이로 삼는다. 지식은 삶을 즐겁고 강하게 만들고 재치 있는 언변과 고상한 행동이 나오게 하지만 지식을 쌓아놓지 않으면 매력 없는 인간이 된다.

지식 기반을 쌓지 않으면 자신이 의도하는 대로 살아가기 힘들다. 지식 기반이 잘 준비되어 있어야 기회가 주어졌을 때 능동적으로 대처할 수 있다. 지식을 닦아놓지 않으면 기회가 오더라도 활용할 수 없으며 한정적인 좁은 삶을 살 수밖에 없다. 지식 기반을 다져서 인생을 폭넓고 풍부하게 지내야 한다.

지식을 얻을 때는 단편적이 아니라 하나의 지식을 얻더라도 깊이 있게 알아야 한다. 답을 알아도 이유를 모르면 진짜 아는 것이 아니고, 이유를 알아도 이해를 못하면 제대로 아는 것이 아니다. 막연하거나 어설프게 아는 자세에서 벗어나 확실하게 이해하고 알아야 한다.

지식이 현대 사회를 지배하는 가치의 원천이며 꿈을 실현하는

패러다임(paradigm)
한 시대의 사람들의 견해나 사고를 근본적으로 규정하고 있는 인식의 체계.

열쇠이며 날개이다. 지식을 창출, 관리, 활용하는 능력이 경쟁력이므로 지식으로 무장된 실력을 갖추어야 한다.

 아인슈타인의 끊임없는 배움

- 아인슈타인이 제자들에게 끊임없는 배움을 강조하면서 어떻게 말했을까?

> 어느 날 제자들이 아인슈타인이 끊임없이 연구에 몰두하는 모습을 보고 "선생님은 이미 천재적인 지식을 가지고 계시는데도 왜 이렇게 배움을 멈추지 않으십니까" 하고 물었다. 그러자 아인슈타인은 "이미 알고 있는 지식이 차지하고 있는 부분을 '원'이라고 한다면 '원'외 바깥은 모르는 부분이 되지. '원'이 커지면 '원'의 둘레도 점점 늘어나 접촉할 수 있는 미지의 부분이 더 많아지게 되는 걸세"라고 대답했다.
>
> 그리고 제자들에게 다시 "지금 나의 '원'은 여러분들 것보다 크다고 하겠지만 내가 접촉할 미지의 부분이 여러분보다 더 넓고 많아. 그건 결국 모르는 게 더 많다고 할 수 있어. 그런데 어찌 배움을 멈출 수 있겠는가? 더 배울수록, 내가 무지하다는 것을 더욱더 깨닫게 되지. 또 그렇게 깨달을수록, 더욱더 배우고 싶다는 마음이 간절해지지"라고 하면서 배움을 강조했다.

알베르트 아인슈타인
(Albert Einstein, 1879~1955)
독일의 물리학자. 그의 일반상대성이론은 현대 물리학에 혁명적인 지대한 영향을 끼침. 1921년 노벨물리학상 수상.

인재는 문제의 핵심을 꿰뚫어보고 해결책을 찾아내는 사람이며 해결책을 찾기 위해서는 끊임없이 배우는 자기 계발을 해야 한다. 자기 계발에 힘쓰면 인생의 기쁨과 정열적인 삶을 맛볼 수 있다. 자기 계발을 하지 않으면 나태와 안일, 단조로움이 자리 잡는다. 지식의 습득과 축적을 위한 자기 계발에 노력을 기울여야 한다.

공부하는 시간은 미래가 들어오는 시간이다. 콩나물시루에 물을 부으면 밑으로 전부 빠져나가는 것 같지만, 시루에서 콩나물이 서서히 자라난다. 교육은 콩나물에 물을 주는 것과 같다. 교육을 비용이라 생각하지 않고 투자라 생각하면 현재의 작은 변화뿐만 아니라 후에 큰 성과를 가져온다.

 니체가 졸업을 앞둔 제자들에게 한 어록

> 너희는 나의 학설을 이해하고 소화해야 한다. 그래야 성장할 수 있다. 또한, 그것을 말도 안 되는 허튼소리로 생각해야 한다. 그래야 성숙할 수 있다. 몇십 년이 흐른 후, 그때까지도 내가 가르친 것을 붙들고 있다면 너희는 이 시대의 큰 죄인이다. 기존의 지식을 부정하라.

새로운 지식이 급속도로 쏟아지는 오늘날에 과거의 지식을 고수한다는 것은 곧 경쟁에서 도태됨을 의미한다. 지식은 끊임없이 생산되며, 기하급수적으로 증가하고 있다. 작년에 익힌 새로운 지식은 올해에는 절반밖에 소용없고, 내년에는 4분의 1, 내후년에는 8분의 1로 줄어들고, 점점 더 줄어들어 아무 쓸모가 없어진다. 지속적인 학습은 생존과 경쟁의 원동력이며 핵심 원천이다. 지식사회에서는 가진 지식보다는 배울 수 있는 능력과 배우고자 하는 의지가 경쟁력의 척도다.

 존 듀이의 끊임없는 지식 탐구

• 존 듀이는 어떤 삶의 자세를 가지고 있을까?

> 존 듀이는 인생의 마지막까지 무언가를 배우고 성취하고자 노력했던 것으로 유명한 사람이다. 그는 93세의 나이로 생을 마감했는데, 90세가 되던 해에도 왕성한 호기심을 지니고 새로운 것을 배우려고 도전하고 있었다. 그는 노년에 들어 그간의 업적을 인정받아 많은 나라로부터 훈장을 받았는데, 수상한 뒤 가진 인터뷰에서 기자들의 질문을 받았다.

니체
(Friedrich Nietzsche,
1844~1900)
독일의 철학자이자 시인. 그의 사상은 20세기의 실존 철학으로 이어져 근대 사상에 큰 영향을 주었음. 저서로 ≪비극의 탄생≫ ≪자라투스트라는 이렇게 말했다≫ 등이 있음.

존 듀이(John Dewey,
1859~1952)
미국의 세계적인 철학자이자 교육학자. 실용주의 철학학파의 창시자.

> "선생님은 이미 나이가 많으신 데도 계속해서 새로운 것을 배우고 많은 시도를 하고 계십니다. 선생님에게 인생은 어떤 의미입니까?"
>
> 듀이는 한마디로 대답했다.
>
> "인생은 계속해서 산에 오르듯이 계속해서 배워야 합니다."
>
> "산이요? 선생님은 철학자이지 등산가가 아니지 아니잖습니까?"
>
> "산에 오르는 것은 무언가를 성취하는 것을 뜻합니다. 나이에 상관없이 이제 산을 오르려고 하지 않는 사람의 인생은 이미 끝난 것과 같다고 저는 생각합니다."

현대 사회는 지식의 반감기임을 알고 계속해서 공부해야 한다. 학습 역량이 외부 지식 변화를 따르지 못하면 쇠퇴를 각오해야 한다. 시대를 풍미하는 새로운 것에 대해 알아야 하며 배워야 할 시기는 바로 지금이다. 학습을 통해 자신을 새롭게 해야 하며 그렇게 하지 않으면 현상유지조차 불가능함을 명심해야 한다. 지식의 양은 호기심의 양에 비례하므로 어린아이 같은 순수한 마음과 호기심을 가지고 배워야 한다.

지혜

지혜는 삶의 길을 밝혀주는 등불로 반드시 갖추어야 할 기본적인 덕목이다. 지혜는 사물의 이치를 깨닫고 처리하는 정신적 능력으로 인생의 난관을 슬기롭게 헤쳐 나가게 해주며 삶에 깊이와 안정을 가져다준다. 지혜에 의지하여 삶을 영위하고 인생을 환히 밝혀야 한다. 빛에 따라 풍경이 다양한 모습으로 아름다움을 보여주는 것처럼 지혜를 통해 인생을 다양한 각도로 보면서 교훈을 얻어야 한다.

키케로의 ≪의무론≫ 중에서

> 지혜는 어떤 주어진 사물에서 원인은 무엇이며 그것에서 생기는 결과는 무엇인지 인과관계를 인식하고, 진실하고 순수한 것이 무엇이고 공감이 가는 것은 무엇인지 인식하고 파악하는 능력이다. 생각을 깊이 하고 미래를 예견하여, 언제 어디서나 좋은 일이든 나쁜 일이든 일이 발생하면 그 결과가 어떻게 되리라는 것을 미리 알아 이에 대한 만반의 준비를 하는 지혜가 필요하다.

지혜란 생각을 딛고 솟아나는 것으로 삶의 과정을 체험하면서 안으로 가꾸어진 열매이다. 끊임없이 이어지는 내면의 중얼거림에서 벗어나 실제적인 목적을 위해서 사용할 수 있다. 지혜의 문은 누구에게나 열려있으나 그 문으로 들어가는 사람은 소수이다. 게으른 자나 어리석은 자의 눈에는 보이지 않으며 현명하고 부지런한 자만이 얻을 수 있는 선물이므로 열심히 노력하면 얻을 수 있다.

정보와 지식을 실생활에서 살려야 비로소 지혜가 된다. 지혜는 정보와 지식만 있다고 해서 얻어지지 않으며 자기 생각을 정제하는 과정을 거쳐야만 얻을 수 있다. 정보와 지식을 가진 사람은 많지만, 모두가 지혜롭지는 않다. 지혜를 가진 사람은 정보와 지식에 집착하는 사람이 아니라, 생각할 거리를 찾아내고 현실을 통해 재확인하는 사람이다. 정보와 지식을 뛰어넘어 의미 있는 것으로 재조합시켜 지혜로 만들어가야 한다.

🎙 원님의 지혜

• 원님은 어떻게 지혜를 발휘했을까?

옛날 욕심 많은 부자가 살고 있었는데 하루는 실수로 천 냥이 들어있는 보따리를 잃어버렸다. 부자는 보따리를 돌려주는 사람에게는 절반을 주겠다고 벽보를 붙였다. 오백 냥을 받겠다고 천 냥을 돌려주는 사람이 있을 리는 만무했지만, 보따리를 주웠던 순박한 농부는 부자에게 보따리를 돌려주었다.

그러나 부자가 막상 오백 냥을 농부에게 주려니 아까운 생각이 들어서 말했다. "사실은 이 보따리에 이천 냥이 들어 있었네. 이미 자네가 절반을 가졌나 보군?"

농부는 보따리 채로 가져왔다고 했지만, 부자는 막무가내였다. 결국, 농부는 고을 원님을 찾아가 사정을 말했다. 자초지종을 들은 원님은 판결을 내렸다. "부자가 잃어버린 것은 이천 냥이 든 보따리이고, 농부가 주운 것은 천 냥이 든 보따리이니 서로 다른 것이 틀림없다. 농부가 주운 보따리는 진짜 주인이 나타나지 않았으므로 농부가 가지도록 해라."

날마다 변화무쌍하게 돌아가는 현대 사회에서, 순간마다 선택과 의사 결정이 요구되는 상황에서 지혜를 발휘하기 위해서는 분별력과 성찰능력, 통찰력이 절실히 요구된다.

분별력은 양식 있는 판단을 토대로 타당함, 정당함을 식별하는 실용적인 지혜이다. 모든 일에는 양면성이 있으며 매사에는 좋은 점과 나쁜 점이 있다. 칼날 쪽을 쥐면 고통을 주고, 손잡이를 잡으면 방패가 될 수 있으므로 예리한 분별력을 지니고 발휘해야 한다.

성찰능력은 자신을 인식하고 생각과 감정을 잘 조절하여 자신과 관련된 문제를 잘 풀어내는 데 필요한 능력이다. 성찰능력이 높은 사람은 자신에 대한 깊은 반성을 수시로 한다. 비둘기의 걸음처럼 살금살금 깃드는 생각이 지혜의 원천이므로 사색과 관찰을 통해 자신에 대해 냉정하게 객관적으로 보는 성찰능력을 키워야 한다.

통찰력은 사안의 핵심을 꿰뚫어보는 능력이며 사물이나 현상에 대하여 핵심적인 내용을 파악하여 문제를 해결하는 능력이다. 통찰력을 키우려면 예리한 관찰력으로 사물을 바라보아야 하며 열린 사고와 새로운 시각을 가져야 한다.

 관중(管仲)의 지혜 발휘

• 관중은 지혜를 어떻게 발휘했을까?

관중(管仲, BC 725~BC 645)
중국 춘추 시대 초기 제(齊)나라의 정치가이자 사상가.

> 관중이 군대를 인솔하고 숲 속을 행군하다가 길을 잃고 말았다. 관중은 자신이 타고 있던 말을 풀어주고 뒤를 따라가 보니 과연 길을 찾을 수 있었다. 한번은 산속에서 물이 떨어져 갈증을 면치 못했다. 그러자 '개미는 겨울에는 산의 남쪽, 여름에는 산의 북쪽에 자리하고, 개밋둑이 한 치 되면 그 바로 아래 8척 밑에 물이 있다'는 옛말을 상기하고 땅을 파보니 과연 물길을 발견할 수 있었다. 한비(韓非)는 "관중과 같은 현명한 사람도 자기가 모르는 것에 관해서는 말과 개미의 슬기를 통해 지혜를 발휘하는데, 어리석은 사람들은 지혜를 배우지 않으려고 하니 한심한 일이다"라고 했다.

지혜는 사용되어야 하며 지혜를 가진 것만으로는 소용없다. 머릿속에 아무리 지혜를 가지고 있다고 하더라도 현실에서 문제를 해결하는 데 사용되지 않는다면 소용없는 일이다.

　세상은 변한다. 어제의 지혜가 오늘은 폐기되어야 하는 경우도 얼마든지 있다. 변화하는 세상에는 거기에 적용될 수 있는 지혜로 계발되고 변화되어야 한다. 지혜는 현실을 통해 재확인되고 검증되고 혹은 수정되고 변화되면서 새로운 지혜로 업그레이드되어야 한다. 그래야 살아 있는 지혜가 된다.

창의성

🎤 피카소 어록

> 　당신이 상상하는 모든 것은 현실이 된다. 상상은 모든 일의 출발점이다. 일을 시작하기에 앞서 온 정성을 기울여 상상하라. 당신이 상상하는 모든 것은 현실이 된다.

파블로 피카소(Pablo Picasso, 1881~1973) 스페인 출신으로 프랑스에서 활동한 화가이자 조각가. 대표작으로 〈아비뇽의 처녀들〉 〈게르니카〉 등이 있음.

　현대 사회에서 창의성은 필수불가결하다. 창의성이 시대의 화두로 어제의 불가능이 오늘은 가능한 현실을 맞이하고 있다. 불가능하다고 입증되기 전까지는 모든 것이 가능하다. 그리고 불가능한 것도 현재 불가능한 것일 뿐이지 언젠가는 가능해지는 시대가 온다. 상상은 지식보다 더욱 중요하다. 지식은 한계가 있지만, 상상은 세상의 모든 것들을 펼쳐나갈 수 있기 때문이다.

　창조는 상상이 현실로 눈앞에 출현하는 것이다. 모든 문명은 상상의 산물로서 상상은 창조의 시작이며 미래는 상상 속에 존재한다. 상상해야 꿈을 실현할 수 있다. 바라는 것을 상상하고, 상상한 것을 의도하고, 의도한 것을 창조하는 것이다. 처음에는 상상이 비현실로 보이지만 '상상의 세계'가 '현실의 세계'로 바뀐다.

　창의성은 생각을 디자인하는 것이며 독창성으로 차별화하는 것이다. 세상에서 나만이 만들어낼 수 있는 가치, 내가 표현하지 않으면 다른 누구도 표현할 수 없는 그 무엇을 창조해야 한다. 남과 다른 것은 두려움의 대상이 아니라 추구해야 할 방향이다. 꼭 필요한 사람이 되는 방법은 남들과 달라지는 것이다. 남들과 다를 것이 없다면 무수한 사람 중 한 명에 불과하므로 자신만의 독특한 색깔을 지닌 사람이 되도록 노력해야 한다.

 스티브 잡스 이야기

• 스티브 잡스는 창의성과 상상력을 어떻게 강조했을까?

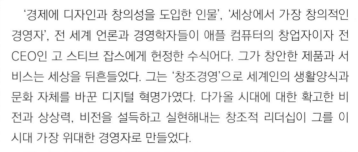

'경제에 디자인과 창의성을 도입한 인물', '세상에서 가장 창의적인 경영자', 전 세계 언론과 경영학자들이 애플 컴퓨터의 창업자이자 전 CEO인 고 스티브 잡스에게 헌정한 수식어. 그가 창안한 제품과 서비스는 세상을 뒤흔들었다. 그는 '창조경영'으로 세계인의 생활양식과 문화 자체를 바꾼 디지털 혁명가였다. 다가올 시대에 대한 확고한 비전과 상상력, 비전을 설득하고 실현해내는 창조적 리더십이 그를 이 시대 가장 위대한 경영자로 만들었다.

그는 단순히 제품을 만들어 파는 사업가가 아니었다. 기성체제에 얽매이지 않고, 이루고자 하는 꿈에 매달리는 잡스의 집중력과 추진력은 기업경영에 고스란히 반영됐다. 그는 창의성과 상상력을 강조하면서 임직원들에게 끊임없이 '주문'을 걸었다. "다르게 생각하라!", "미칠 정도로 멋진 제품을 창조하라!", "단순한 제품을 넘어 시대를 상징하는 '아이콘(icon:우상)'을 만들자!", "즐기면서 일하자!"는 화두를 던지면서 직원들을 사로잡았다.

스티브 잡스(Steve
Jobs, 1955~2011)
미국의 기업인. 애플을 창업하여 혁신적인 기술과 디자인으로 선풍을 일으킴. 1985년 경영 분쟁으로 애플에서 나옴. 1996년 13년 만에 복귀하여 혁신적인 경영으로 성공작으로 사업을 이끌었으며, 췌장암으로 사망함.

창의성은 새로운 길을 내는 것으로 늘 다니던 길을 벗어나 다른 길을 가보아야 한다. 남들이 모두 가는 길이 언제나 바른 길이라 할 수 없으므로 때로는 남들과 다른 길을 선택하여 가야 한다. 익숙한 것에서 벗어날 때 비로소 새로운 길이 보이고 혁신적인 아이디어가 나온다. 낯선 것을 두려워하지 말고 익숙한 것을

두려워해야 하며, 다수에 휘둘리지 말고 자신만의 가치를 지녀야
한다.

　창조는 위대한 혁명이다. 진화의 시대는 가고 혁명의 시대가 도
래되어 바야흐로 반역의 시대이다. 역발상이 창조와 상상력의 원
천으로 세상 사람들이 옳다고 하는 것이 언제나 옳은 것이 아닐
수 있어 당연하고 옳다고 생각하는 것을 의심해 보아야 한다. 때
로는 진리를 의심하고 사물을 거꾸로 바라보아야 한다.

 아인슈타인 어록

> 　새로운 아이디어에 엉뚱한 구석이 없으면 그 아이디어는 별로 희망
> 이 없다. 위대한 정신은 언제나 평범한 정신으로부터 격렬한 반대에
> 부딪힌다.

　위대한 창조는 널리 인정받는 주장과 믿음에 의문을 제기하고
다른 길을 걷는 반동의 축복이다. 당연함을 당연하다고 생각하지
않는 것에서 창조가 시작된다. 창조를 위해서는 당연함을 벗어나
야 하며 '왜?'라는 호기심이 발동되어야 한다.

　착실하게 주어진 일만 열심히 수행하는 꿀벌과 같은 사고방식
에서 탈피해야 한다. 틀에 박힌 성실한 꿀벌의 능력을 가진 사람
보다는 파격적인 아이디어를 행동으로 옮기는 창의적인 게릴라가
되어야 한다. 누구도 상상하지 못한 창의력과 발상으로 무장한
게릴라처럼 일해야 한다.

　창조적인 사람이 되고 싶다면 "이상하다"는 소리쯤은 들을 각
오를 해야 한다. 위대한 발명은 처음에는 이상하고 무모해 보이지
만 현실이 되어 세상을 변화시킨다. 창조를 위해서는 남의 눈을
의식하기 보다는 내면의 소리에 초점을 맞추고 격식을 파괴하여

새로운 시각으로 바라보아야 한다.

 🎙 헤르만 헤세 ≪데미안≫ 중에서

> 새는 알을 깨고 나온다. 알은 새의 세계다. 태어나려는 자는 한 세계를 파괴해야만 한다. 하나의 세계를 파괴하지 않으면 새로운 세계로 나갈 수 없다.

헤르만 헤세(Hermann Hesse, 1877~1962)
독일의 소설가. 대표작으로 ≪데미안≫ ≪수레바퀴 아래서≫ 등이 있음.

창조를 원하면 기존의 틀을 깨고 새로운 틀을 만들어야 한다. 기존의 틀에 도전하는 것이 위대한 창조의 첫걸음으로 파괴할 용기가 없으면 창조는 있을 수 없다.

자신이 창조적이라고 생각해야 창의력이 마술처럼 일어나며 열정으로 가득한 호기심을 가져야 한다. 적극적으로 상상력을 발휘하면서 끊임없는 탐구 정신으로 몰입해야 하며 규제와 울타리 같은 금기가 없이 실험하고, 혁신에 도전하고, 매너리즘 타파와 발상의 전환을 넘어 발상을 파괴해야 한다.

창의성을 가로막는 장애물인 고정관념에 사로잡히지 않아야 창조할 수 있다. 새롭고 혁신적인 생각을 떠올리는 것이 중요하지만 어떻게 낡은 생각을 떨쳐낼 것인지가 이에 못지않게 중요하다.

 고정관념을 파괴하고 새로운 생각의 틀을 짜고 새로운 시각으로 세상을 바라보아야 한다.

레오나르도 다 빈치 노트

≪다 빈치 노트≫

5백 년 전 세계 미술의 중심지였던 이탈리아의 피렌체에 한 소년이 미술을 공부하러 왔다. 소년은 그림뿐 아니라 노래와 악기 다루는데도 뛰어났다. 이 천재 소년을 보고 사람들은 '피렌체 제일의 화가'가 될 것이라고 찬사의 입을 모았다. 세월은 흘러 소년은 청년으로 자라서 어느 교회 제단의 그림을 그리게 되었다. 사람들의 기대는 대단했다. 그런데 웬일인지 그는 날마다 산이나 바다를 돌아다니며 뭔가 열심히 노트에 기록만 할 뿐 좀처럼 그림을 완성하려고 하지 않았다. 그의 노트에는 이상한 그림들로 가득했다. 사람의 겉모양만이 아닌 근육과 뼈의 생김새, 새가 날고 앉는 모양새, 그밖에 별의별 모양들을 수백 장씩이나 그렸다. 이를 본 사람들은 머리를 갸웃거렸다. "저 사람은 아무것도 그리지 못하고 말겠구나!"

이처럼 그의 참마음을 아는 사람은 아무도 없었다. 그러나 그는 무엇이든 그릴 대상에 대해 그 본질까지 알기 전에는 절대로 그림을 그리지 않았다. 그가 수없이 그린 그림 가운데는 오늘날의 헬리콥터에 해당하는 날틀의 설계도와 낙하산, 접이식 사다리, 회전무대의 설계안, 장갑차와 탱크, 잠수함의 원형설계도 등으로 가득 차 있었다. 이 청년은 다름 아닌 레오나르도 다 빈치였다. 그는 원근법과 명암대조법을 도입한 걸출한 화가이자 발명가이며 과학자, 군사 기술자였다. 동시에 해부학자로서 인체의 각 부분을 단면으로 그려냈으며, 자궁 속 태아에 대한 전례 없는 연구를 해냈다. 그는 예술적 천재성과 과학적 천재성이 융합된 '크로스오버 천재'였다.

많은 사람이 레오나르도 다 빈치의 걸작으로 〈모나리자〉와 〈최후의 만찬〉을 꼽지만 진정한 걸작은 바로 그의 뇌 속의 '창의성'이 발현된 그의 노트다. 레오나르도 다 빈치의 노트는 입체적으로 메모하여 오늘날 '마인드 매핑'의 원형으로 평가받고 있다.

레오나르도 다 빈치(Leonardo da Vinci, 1452~1519)
이탈리아 르네상스를 대표하는 화가이자 조각가, 발명가, 건축가, 기술자, 해부학자, 식물학자, 천문학자, 지리학자, 음악가.

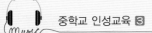

- ◉ 현대 사회는 지식 사회이다.
- ◉ 지식 기반을 쌓지 않으면 자신이 의도하는 대로 살아가기 힘들다.
- ◉ 지식을 얻을 때는 단편적이 아니라 깊이 있게 알아야 한다.
- ◉ 지식이 경쟁력이므로 지식으로 무장된 실력을 갖추어야 한다.
- ◉ 지식의 습득과 축적을 위한 자기 계발에 노력을 기울여야 한다.
- ◉ 지식은 끊임없이 생산되며, 기하급수적으로 증가하므로 지속적으로 학습해야 한다.
- ◉ 지혜는 사물의 이치를 깨닫고 처리하는 정신적 능력이다.
- ◉ 지혜에 의지하여 삶을 영위하고 인생을 환히 밝혀야 한다.
- ◉ 정보와 지식을 실생활에서 살려야 비로소 지혜가 된다.
- ◉ 지혜를 발휘하기 위해서는 분별력과 성찰능력, 통찰력이 요구된다.
- ◉ 분별력은 타당함, 정당함을 식별하는 실용적인 지혜이다.
- ◉ 성찰능력은 자신과 관련된 문제를 풀어내는 데 필요한 능력이다.
- ◉ 통찰력은 사안의 핵심을 꿰뚫어보는 능력이다.
- ◉ 지혜는 사용되어야 하며 지혜를 가진 것만으로는 소용없다.
- ◉ 변화하는 세상에 적용될 수 있는 지혜로 계발되고 변화되어야 한다.
- ◉ 창의성이 시대의 화두로 어제의 불가능이 오늘은 가능한 현실을 맞이하고 있다.
- ◉ 창조는 상상이 현실로 눈앞에 출현하는 것이다.
- ◉ 창의성은 독창성으로 차별화하는 것이다.
- ◉ 창조는 위대한 혁명이다.
- ◉ 당연함을 당연하다고 생각하지 않는 것에서 창조가 시작된다.
- ◉ 창조를 원하면 기존의 틀을 깨고 새로운 틀을 만들어야 한다.
- ◉ 고정관념을 파괴하고 새로운 시각으로 세상을 바라보아야 한다.

1 다음 중에서 지식과 관련된 내용을 틀리게 설명한 것은 무엇인가요?

① 지식을 얻을 때는 하나의 지식을 얻더라도 깊이 있게 알아야 한다.

② 교육은 콩나물에 물을 주는 것과 같아서 교육을 비용이라 생각하지 않고 투자라고 생각해야 한다.

③ 과거의 지식을 고수한다는 것은 곧 경쟁에서 도태됨을 의미한다.

④ 현대 사회에서의 경쟁은 '더 많이 아는 자'와 '덜 아는 자' 사이에 벌어지는 것이 아니라 '더 많이 가진 자'와 '덜 가진 자' 사이에 벌어진다.

2 문장을 읽고, 적절한 단어를 빈칸에 기입하세요.

지혜를 발휘하기 위해서는 분별력과 성찰능력, (   )이 절실히 요구된다.

3 문장을 읽고, 공통적으로 들어갈 단어를 빈칸에 기입하세요.

모든 문명은 (   )의 산물로서 (   )은 창조의 시작이며 미래는 (   ) 속에 존재한다.

4 문제를 읽고 O · X를 표시 하세요.

지혜는 사용되어야 하며 지혜를 가진 것만으로는 소용없다. (   )

5 창의적인 사람이 되려면 어떤 사고방식을 가져야 하는지 적어 보세요.

정답 1. ④ 2. 통찰력 3. 상상력 4. O 5. 자기 자신

31

02

8대 인성덕목

1 예(禮)

📖 학습목표 • 예절의 효과를 인식하고 실천 방법을 말할 수 있다.
• 겸손함의 중요성을 인식할 수 있다.
• 예의 바른 자세와 신체 관리하는 방법을 설명할 수 있다.

✖ 예절의 효과

🎙 공자 어록

예의의 실천은 자기를 낮추는 것이다.

공자(孔子, BC 551~BC 476)
중국 춘추 시대 노(魯)나라의 교육자·철학자·정치 사상가.

예절은 자신을 조금 낮추고 상대에게 맞추려고 하는 분별과 양식 있는 행위로 상대에 대한 정중함과 상냥함이다. 예절은 사람을 평가하는 중요한 잣대로서, 인격을 외적으로 드러내는 표현 수단이며, 행동을 아름답게 꾸며주는 장신구이다. 예절은 다른 자질들보다 훨씬 더 중대한 영향을 미친다.

예절 바른 행동은 빗장이 걸려 있는 다른 사람의 마음으로 들어갈 수 있는 출입증이다. 무례하고 거친 태도는 마음의 문을 닫게 하지만, 예절 바른 행동은 마음을 열게 한다. 사람은 머리가 아니라 예절로 자신을 표현한다. 예절바른 사람이라는 말을 듣도록 해야 한다.

타인에게 예절을 실천하는 것은 궁극적으로 자신에게 예절을 실천하는 것이다. 왜냐하면, 상대방에게 예절을 다하면 상대방도 예절을 다하기 때문이다. 내가 남을 정성스레 대하면 타인도 나를 정성스럽게 대하지만 내가 타인을 함부로 대하면 타인도 나를 함부로 대할 것이다.

　사람을 끌어당길 수 있는 것은 지식이나 식견이 아니라 예절이다. 예절은 인간관계를 부드럽고 편안하게 만들어준다. 인간관계에서 예절을 지키도록 노력해야 한다. 예절을 지키면 사람들에게 기쁨을 주면서 호감을 얻게 된다.

　예절은 사회적 관계에서 꿈을 실현하는 데 큰 힘이 된다. 정중함과 공손함이 꿈의 실현을 결정할 수 있으며 많은 경우 예절 바른 태도가 부족하여 실패하고 만다. 꿈의 실현은 자신의 재능만이 아니라 인간관계에서 오는 경우가 더 많으므로 예절로 자신을 지키고 꿈에 다가가야 한다.

　예절을 지키는 가장 기본적인 행동은 인사를 잘하는 것이다. 인사는 단순한 형식이 아니라 상대방에게 자신을 나타내는 가장 손쉬운 방법이며 상대방에 대한 인정이자 존중의 표현이다. 전류가 흐르면 불이 환히 밝혀지듯이 인사가 사람사이에 흐르면 인간관계도 환히 밝혀진다. "안녕하세요"라는 인사 한마디가 좋은 인간관계를 유지하고 발전시킨다. 인사성 하나가 얼마나 교양이 있는지를 나타낸다. 인사는 대부분의 경우 모자란 것보다는 지나친 것이 낫다.

✄ 겸손한 자세

 ≪채근담≫ 중에서

> 　매가 서 있는 모습은 조는 것 같고, 범의 걸음은 병든 듯하다. 이것이 바로 이들이 사냥하는 수단이니라. 그러므로 군자는 총명을 나타내지 말며 재능을 뚜렷하게 하지 말지니, 그렇게 함으로써 큰일을 맡을 역량이 되느니라.

≪채근담 菜根譚≫
1644년경 중국 명나라 때 홍응명(洪應明)이 만든 처세에 관한 책. 359개의 단문으로 구성되어 있음.

35

뛰어난 재능은 인물을 돋보이게 하지만 적을 만들기도 한다. 재능이 있는 사람이 성과를 창출하지 못하거나 성과를 지속하지 못하는 경우는 겸손하지 못하고 교만함에 많은 원인이 있다. 재능이 칼이라면 겸손은 재능을 보호하는 칼집이다.

남이 반갑게 인사한다고 해서 자기를 훌륭하게 여기기 때문이라고 생각하지 말아야 하며, 남이 자기의 말에 참으며 반대하지 않고 따른다고 해서 존경하기 때문이라고 생각하지 말아야 하며, 남이 은혜를 베풀어주는 것을 사랑하기 때문이라고 생각하지 말아야 하며, 남이 겸손해 하는 것을 경의를 표하기 때문이라고 생각하지 말아야 한다.

 구부리는 것

• 철학자가 나뭇가지에 쌓인 눈을 보고 느낀 것은 무엇일까?

고흐 〈벌판의 밀 짚단〉

한 철학자가 눈이 많이 내린 아침에 숲을 거닐고 있었는데, 요란한 소리에 깜짝 놀랐다. 고개를 돌려 쳐다보니 굵은 나뭇가지들이 눈의 무게를 감당하지 못하고 부러지는 소리였다.

하지만 가늘고 작은 가지들은 눈이 쌓임에 따라 자연스레 휘어져 눈을 아래로 떨어뜨린 후에 다시 원래대로 튀어 올라 본래의 모습을 유지하고 있었다. 이를 본 철학자는 깊이 깨달았다.

'구부리는 것이 버티는 것보다 더 나은 이치이구나!'

부드러움이 단단함을 이긴다. 벼는 익을수록 머리를 숙인다. 겸손은 비굴함이 아니다. 겸손은 자신을 낮추는 것이라기보다는 자신을 올바르게 세우는 것이다. 물이 바다로 모이는 것은 바다가 낮은 곳에 있으며 모든 물을 수용할 수 있는 역량이 되기 때문이다. 스스로 높아지려고 해서 높아지는 것이 아니다. 신은 자기 스스로 높은 곳에 앉은 사람을 아래로 밀어내고 스스로 겸손한 사람을 부축해 올린다.

✖ 자세와 신체 관리

 ≪예기≫ 중에서

> 예의의 시작은 자세를 바르게 하고, 얼굴빛을 밝게 하며, 말을 삼가는데 있다.

≪예기 禮記≫
중국 고대 유가(儒家)의 경전인 오경(五經)의 하나. 예법(禮法)의 이론과 실제를 풀이한 책.

보기 좋고 세련된 동작은 상대방에 대한 예의일 뿐만 아니라 마음을 끌어당기므로 생활화되고 습관화 되어야 한다. 사소한 동작이라도 가볍게 여기면 안 된다. 물 한 잔을 마셔도 컵을 이상하게 쥐어서 물을 쏟는 일이 없어야 한다.

올바른 자세로 일어서고, 걷고, 앉아야 한다. 올바른 자세는 자신의 신체 발달뿐만 아니라 상대방에게도 공손한 인상을 주어 호감을 느끼게 한다. 일어서고 걷는 것은 자신만의 행동이지만 앉는 것은 상대방과 마주하는 행동이므로 보기 좋게 앉는 것은 중요하다. 의자에 온몸의 체중을 맡겨 비스듬히 기대어 앉는 것은 거만해 보이므로 그렇게 해서는 안 된다. 딱딱한 부동자세가 아니라 온몸의 체중을 의자에 기대지 말고 편안하게 보일 수 있도록 자연스러운 자세로 여유 있게 앉아야 한다.

표정은 사람들 눈에 쉽게 드러난다. 사람의 마음을 사로잡는 요인 중에서도 표정이 가장 효과적이다. 표정이 나쁘면 아무리 좋은 옷을 입어도 소용없다. 표정은 마음을 얼굴에 나타내는 것이므로 표정을 연마하면 자연히 마음도 연마된다. 미소를 머금고 눈가에는 상냥하고 온화한 표정을 지어야 한다. 표정이 인간관계에서 얼마나 큰 영향을 발휘하는지를 인식하고 거울을 보면서 표정을 연습해야 한다.

또한 사람들에게 좋은 인상을 주기 위해서는 무엇보다 청결이 중요하다. 손과 손톱을 항상 깨끗하게 해야 한다. 치아관리는 대단히 중요하므로 식사 후에는 이를 닦아야 한다. 충치가 생기면 고약한 냄새가 나서 사람들에게 불쾌감을 주므로 치료해야 한다.

기품은 사람이 풍기는 품격이다. 기품은 겉모습이나 옷차림에 있는 것이 아니라 행동과 자세에 달려있다. 말, 표정, 미소, 발걸음 등에서 기품이 드러난다. 그 사람 내면에 담긴 인격의 향기가 숨김없이, 바깥으로 풍겨나는 것이다.

책 읽기

≪격몽요결(擊蒙要訣)≫ 지신장(持身章) (율곡 이이)
몸과 마음을 바르게 하는 아홉 가지 용모인 구용(九容)

족용중(足容重) 걸음걸이는 신중하고 무겁게 하고

수용공(手容恭) 손 모양은 단정하고 공손하게 하며

목용단(目容端) 눈으로 볼 때는 흘겨보지 말고 시선을 바르게 하고

구용지(口容止) 입 모양은 다문 채 있으며

성용정(聲容靜) 목소리를 조용하게 내고

두용직(頭容直) 머리는 곧고 바르게 유지하며

기용숙(氣容肅) 숨 쉬는 모양은 정숙하게 하고

입용덕(立容德) 서있을 때는 덕스럽게 보여야 하며

색용장(色容莊) 얼굴빛은 씩씩하게 가져야 한다.

≪격몽요결 擊蒙要訣≫
율곡 이이가 붕당론으로 탄핵을 받아 해주로 낙향하여 후학을 가르치며 저술하였으며 일반 학생들에게 학문의 길을 열어주기 위하여 지은 책.

이이(李珥, 1536~1584)
호는 율곡(栗谷). 조선 중기의 문신·성리학자. 어머니는 현모양처의 사표로 추앙받는 사임당신씨(師任堂申氏)임. 저서로 ≪동호문답≫ ≪성학집요≫ 등이 있음.

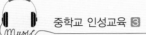

- ◉ 예절은 자신을 조금 낮추고 상대에게 맞추려고 하는 행위이다.

- ◉ 예절은 인간관계를 부드럽고 편안하게 만들어준다.

- ◉ 상대방에게 예절을 다하면 상대방도 예절을 다한다.

- ◉ 인간관계에서 예절을 지키도록 노력해야 한다.

- ◉ 예절을 지키는 가장 기본적인 행동은 인사를 잘하는 것이다.

- ◉ 뛰어난 재능이 적을 만드는 경우는 겸손하지 못하고 교만하기 때문이다.

- ◉ 재능이 칼이라면 겸손은 재능을 보호하는 칼집이다.

- ◉ 부드러움이 단단함을 이긴다.

- ◉ 겸손은 비굴함이 아니다.

- ◉ 겸손은 자신을 올바르게 세우는 것이다.

- ◉ 보기 좋고 세련된 동작이 생활화되고 습관화 되어야 한다

- ◉ 올바른 자세는 상대방에게 공손한 인상을 주어 호감을 느끼게 한다.

- ◉ 올바른 자세로 일어서고, 걷고, 앉아야 한다.

- ◉ 앉는 것은 상대방과 마주하는 행동이므로 보기 좋게 앉는 것은 중요하다.

- ◉ 사람의 마음을 사로잡는 요인 중에서도 표정이 가장 효과적이다.

- ◉ 미소를 머금고 눈가에는 상냥하고 온화한 표정을 지어야 한다.

- ◉ 사람들에게 좋은 인상을 주기 위해서는 무엇보다 청결이 중요하다.

- ◉ 기품은 사람이 풍기는 품격으로 말, 표정, 미소, 발걸음 등에서 드러난다.

 **확인하기**

1 다음 중에서 설명이 틀린 것은 무엇인가요?

① 상대방이 먼저 예절을 다해야 내가 예절을 다한다.

② 겸손은 자신을 올바르게 세우는 것이다.

③ 사람의 마음을 사로잡는 요인 중에서도 표정이 가장 효과적이다.

④ 사람들에게 좋은 인상을 주기 위해서는 무엇보다 청결이 중요하다.

2 다음 중 틀린 부분에 밑줄을 긋고 바르게 고쳐 쓰시오.

재능이 칼이라면 교만은 재능을 보호하는 칼집이다.

3 문제를 읽고 빈칸에 적절한 단어를 기입하세요.

(   )은 사람이 풍기는 품격으로 말, 표정, 미소, 발걸음 등에서 드러난다.

4 내가 가장 잘 지키지 못했던 친구 사이의 예절은 무엇이며 그 이유를 설명해 보세요.

....

....

5 ≪격몽요결(擊蒙要訣)≫에 나오는 몸과 마음을 바르게 하는 아홉 가지 용모인 구용(九容)을 적어 보세요.

....

....

2 효(孝)

📖 학습목표 • 효의 의미를 이해하고 실천 방법을 열거할 수 있다.
• 가족의 의미를 이해하고 나의 역할을 인식할 수 있다.
• 행복한 가정을 위한 나의 역할을 인식할 수 있다.

✂ 효란 무엇인가

🎤 율곡 이이 어록

> 천하의 모든 물건 중에는 내 몸보다 더 소중한 것이 없다. 그런데 이 몸은 부모가 주신 것이다.

한국 사회에서 효는 가족 공동체를 유지하는 가장 기본적인 윤리로서, 사람이 지켜야 할 근본적 도리이다. 효의 구체적인 실천 방법은 시대에 따라 변해 왔지만 부모님의 마음을 헤아리고 정성을 다해 모시는 효의 기본 정신은 오늘날에도 변함없이 이어져 오고 있다.

예전의 효는 보본(報本) 의식에서 비롯되었다. 즉 자녀를 낳아 생명을 주어 인간으로서의 근본을 이루어주신 부모님의 은혜에 보답하는 것이 효라는 것이었다. 이러한 의식은 지금의 현대 사회에서도 마땅히 가져야 한다. 효의 출발점은 나에게 생명을 주신 분이 부모님이라는 사실을 마음에 새기는 것이다.

효는 부모 자식 간의 상호 관계에서 출발한다. 부모는 자녀를 낳아 생명을 주었다는 것만으로 효에 대한 당위성이 성립하는 것

은 아니다. 부모는 최선을 다해 자녀에게 사랑을 베풀고 보살피
고 길러야 하며 자녀는 이와 같은 은혜에 대한 보답으로 효도를
해야 하는 것이다.

 공자 어록

> 진정으로 부모를 공경하는 마음이 없이 그저 물질적인 봉양만 하
> 려고 한다면 이는 효도가 아니며 자기가 아끼는 개나 말에게 잘해 주
> 는 것과 무슨 차이가 있겠는가? 자식들이 부모님의 고생을 대신하고
> 맛있는 음식과 술이 있다면 부모님께 먼저 드리는 것이 진정 효라고
> 생각하는가? 참된 효란 공손하게 웃는 얼굴빛을 부모에게 보이는 것
> 이다.

 흥이 나지 않는구나

• 아들은 어머니가 작업장에서 일하시는 모습을 보고 마음이 어떻
게 변했을까?

> 고등학교 진학을 앞둔 아들에게 어머니가 말했다. "나는 너를 남들
> 만큼 키우려고 남들이 10분 쉴 때 5분 쉬고, 남들이 열 걸음 걸을 때
> 스무 걸음 걸으며 뛰어야 했다. 네가 열심히만 한다면 내 몸이 부서지
> 는 한이 있어도 뒷바라지를 해 주마."
>
> 아들이 대답했다. "어머니, 누나가 지금 고등학교에 다니고 있고 동
> 생이 둘이나 있어요. 아버지도 세상을 떠나고 어머니 혼자서 너무 힘
> 들잖아요. 거기에다가 가진 거라곤 언제 헐릴지 모르는 무허가 단칸
> 방이 전부입니다. 저는 고등학교만 졸업하고 취직을 하려고 합니다."
>
> 어머니는 한마디로 반대하면서 고등학교에 진학하여 원하는 대학
> 진학을 위해 열심히 공부하라고 했다. 아들은 고등학교에 진학하여
> 어머니의 관심과 격려에 힘입어 처음에는 성적이 좋았다. 그 후 제자
> 리를 맴돌면서 자신감을 잃었고 나쁜 친구들과 어울리게 되었다.

방학이 되자 어머니는 자신의 공사판 일터에 아들을 데리고 갔다. 아들은 그곳에서 어머니를 도와 벽돌 쌓는 일을 하게 되었다. 처음 하는 일이라 서툴기도 했지만 조금 지나자 어깨가 아프고 팔꿈치가 저려왔다. 아직 선선한 아침나절인데도 등에서는 땀이 줄줄 흐르고 다리는 천근만근 무거웠다. 이윽고 점심시간이 되어 공사판 옆에 있는 간이식당에서 식사를 하면서 어머니는 아들에게 말했다. "어때 힘들지? 엄만 매일 이 일을 해왔단다. 하루쯤 푹 쉬고 싶은 생각이 들다가도 자고 있는 너희들 얼굴을 보면 얼른 일터로 달려올 수 있었지. 벽돌 하나를 더 쌓으면 내 아들이 우유 한 봉지를 더 먹을 수 있다는 생각에 힘든 줄 모르고 일을 했어. 그런데 요즘은 도무지 일에 흥이 나지 않는구나."

그날 밤 아들은 도저히 잠들 수가 없었다. 면장갑 한 켤레를 아끼려고 구멍이 숭숭 뚫린 장갑을 끼고 일을 하시는 어머니. 손가락에 허물이 벗겨져 새 주민등록증 갱신 때 지문이 찍히지 않을 정도로 닳은 어머니의 손가락을 떠올리며 그날 아들은 남몰래 하염없이 눈물을 흘렸다. 아들은 마음을 고쳐 다잡았다. 이제 열심히 공부하는 것만이 어머니의 노고에 대한 최소한의 보답이라고 생각하고 밤늦도록 책상머리에 앉아 있었다.

물질을 앞세우는 현대 자본주의 사회에서 '돈 없으면 효도도 없다'는 그릇된 의식을 버리고 진정으로 마음에서 우러난 효도를 해야 한다. 물론 효도를 하는 데 있어서 물질로 대접하는 하는 것도 좋지만 그보다는 부모님의 뜻을 살펴서 마음을 편안하게 해 드리고 공경하는 마음의 표현이 더 중요하다. 특히 학생 신분인 상황에서는 물질이 아니라 본분에 대한 확고한 의식을 가지고 충실하게 생활하는 것이 부모님을 기쁘게 해 드리고 효도하는 첩경이다.

효도는 일회성 이벤트가 아니다. 효는 부모의 은혜에 보답하는 마음에서 출발하여 부모를 공경하고 섬기는 것이다. 이와 같은 보답은 일회성 이벤트로 끝나는 것이 아니라 부모님이 살아계실 때 살아생전에 정성을 다해 꾸준히 모셔야 하며, 돌아가시고 난 후에도 부모님을 기리는 마음을 가져야 한다. 더구나 이러한 좋은 전통은 후대로 전해져 내려가게 된다.

 외로움

• 왜 자식은 어머니가 돌아가시고 난 뒤에 후회했을까?

> 맞벌이 부부가 노모를 모시고 살았다. 아들 내외는 항상 바빠 늦게 들어오기 일쑤였다. 손주 아이들도 제각기 일들이 많아 가족들이 한자리에 모여 앉아 식사할 기회가 거의 없었다. 아들 내외는 노모를 파출부에게 맡겨놓고 바깥일에 열심이었다. 이렇게 하는 자신들이 죄송하고 마음에 걸려서 노모에게 값비싼 옷과 가방들을 자주 사다드렸다. 이렇게 자주 물건을 사다드리는 것이 노모와 시간을 같이 못하는 자신들의 마음이 편해지는 것 같아서였다.
>
> 세월이 흐르고 노모는 노환으로 세상을 뜨게 되었다. 아들 내외는 노모가 가시는 마지막 길에 예전에 사다 준 값비싼 옷이며 장신구들을 넣어주려고 노모의 방에 가서 찾았지만 아무것도 없었다. 깜짝 놀라 파출부 아주머니에게 묻자 놀라운 대답이 돌아왔다.
>
> "할머니께서 오래 전부터 하나둘씩 덜어내어 노인정에 갈 때마다 가지고 가셨어요. 이 담에 나 죽고 나서 자식들이 이거 다 치우려면 마음 아프지 않겠냐고 하면서, 그래서 없애는 거라고 하셨어요. 아마 노인정 할머니들에게 주었을 거예요."
>
> 장례식 날, 노인정의 많은 할머니와 할아버지들이 오셔서 노모에 대한 칭찬의 말을 했다. "할머니께서 노인정에 오실 때마다 보따리에 가득 선물을 가지고 오셨습니다." 그 중에 어떤 할머니는 장례식에 오면서 노모에게 사다드린 화사한 옷을 입었고, 어떤 할머니는 노모에게 사다드린 가방을 들었고, 어떤 할머니는 노모에게 사다드린 장신구를 하고 있었다.

평소 어머니의 벽장에는 보자기가 가득했다. 자식 내외가 사다 준 선물들을 그저 눈으로만 한 번 본 뒤에 크고 작은 보자기에 담아 노인정에 가져다주신 것이었다. 넉넉한 마음과 함께 자식 내외가 사다 준 노모의 유품을 보고 마음이 아릴까봐 그 흔적을 지우시고 가신 어머니였다.

어머니는 노인정에서 돌아와 파출부가 차려놓은 저녁을 드시고 빈집에 혼자 계셨다. 혼자서 외로움과 적막함을 삭이고 참아내었던 것이다. 자식 내외는 '쓰시지도 않을 선물보다는 오순도순 어머니와 저녁을 함께 하고 정겨운 이야기를 나누었어야 했는데…' 하는 후회가 밀려왔다. 자식의 발길이나 대화가 어머니에게는 더 큰 기쁨이었다는 것을 뒤늦게 깨달았다.

❈ 부모님에 대한 효도를 실천하는 방법

- 부모님의 은혜에 감사하는 마음을 가지고 사랑한다.
- 자신의 본분을 다하면서 부모님을 안심시키고 기쁘게 한다.
- 부모님을 공경하고 세심하게 보살핀다.
- 부모님 앞에서는 항상 밝은 표정을 지으며, 긍정적이고 고운 말씨를 쓴다.
- 부모님이 장황하게 말을 해도 짜증 내지 않고 인내심을 가지고 귀 기울여 듣는다.
- 부모님을 기쁘게 하고 자랑스러워 할 수 있는 일을 한다.
- 부모님에 대하여 자부심을 가지고 부모님의 좋은 점을 말한다.
- 부모님은 자애로 자녀를 사랑하고 자녀는 효로써 부모를 공경한다.
- 형제자매는 서로를 존중하면서 우애 있게 지내며 바른 말씨를 사용한다.
- 어려운 일이 생기면 서로 의지하면서 해결한다.
- 당연히 해야 할 일을 했다 하더라도 감사를 표현한다.

✖ 행복한 가족

 아버지의 사랑

- 아버지는 두려움에 떨고 있는 아들을 위해 어떤 사랑을 베풀었을까?

북아메리카에 살았던 인디언 중 체로키 부족이 있었다. 이 부족은 강인한 성인이 되기 위해 소년들에게 독특한 훈련을 시켰다. 인디언 소년들은 어릴 적부터 사냥하고, 물고기 잡는 법을 배운다. 그리고 성인이 되기 위한 마지막 관문을 통과해야 한다.

이 성인식을 치르게 하려고 아버지는 아들을 멀리 떨어진 숲 속으로 데려가서 아들의 눈을 가린 채 홀로 남겨둔다. 가족과 부족을 떠나본 적이 없는 소년은 그날 혼자 밤을 꼬박 지새워야만 한다.

이 소년은 다음 날 아침 햇살이 비출 때까지 눈가리개를 벗어서는 절대 안 된다는 말을 들었다. 겁에 질린 소년은 공포에 휩싸였다. 바람이 수풀 사이로 매섭게 불었다. 사방에서 짐승 소리가 났다. 그렇게 그 밤을 홀로 이겨내야 진정한 성인으로 거듭난다고 했다.

긴 두려움 끝에 마침내 아침이 되어 눈가리개를 벗자 꽃들과 나무, 작은 숲길이 보였다. 그리고 어렴풋이 사람 모습이 보였다. 눈을 비비고 바라보니 아버지였다. 지난밤 내내 아들 옆의 나무 그루터기에 앉아 두려움에 떨고 있는 아들을 안타까운 마음으로 지켜봤던 것이다.

효가 이루어지는 것은 가족 간의 관계이다. 가족이 화목하게 지내는 것이 바로 효도이다. 가족은 소중한 존재이다. 가족의 의미는 단순한 사랑이 아니라 세상을 살아가는 힘과 정신적인 안정감의 원천이다. 몸이 아프거나, 남으로부터 상처를 받거나, 어려운 일이 닥치면 가족이 커다란 울타리가 되고 용기의 샘물이 된다. 삶의 큰 의미 중 하나가 바로 '가족을 위해서'이다. 가족을 생각하는 마음이 희생과 인내를 발휘하게 한다. 가족은 사랑과 나눔의 시작인 동시에 끝이다.

아버지의 손을 잡아본 것이 언제였는지, 어머니를 안아드린 것이 언제였는지 떠올려보자. 손톱을 깎아드리고, 발을 씻겨드리고, 등을 밀어드리고, 어깨를 주물러드린 적이 있는지 떠올려보자. 가족의 등 뒤에서 살짝 안아보면 형용할 수 없는 기쁨과 감동이 서로의 가슴에 물결칠 것이다.

내가 가장 사랑하는 사람, 나를 가장 사랑해주는 사람, 나를 가장 행복하게 만들어주는 사람은 바로 가족이다. 인생에서 가장 오래 함께 하는 존재가 가족이다. 가장 관심을 가지고 사랑해야 할 존재는 가족이다. "너무 바빠요. 피곤해요. 내키지 않아요. 싫어요. 못 해요"라고 하면서 가족들과 보낼 수도 있는 시간들에 대하여 냉정하게 굴고 무시하지는 않는지 생각해 보자. 가족과 함께 있을 때 최선을 다해야 한다.

베토벤 어머니

• 베토벤에게 있어서 어머니는 어떤 존재였을까?

악성 베토벤은 이렇게 말했다. "고난을 당할 때에 동요하지 않는 것, 이것이야말로 정말 칭찬해야 할 훌륭한 인물의 증거다. 운명에 도전하고 싶다. 나는 그 때문에 내가 신의 피조물 중에서 가장 불행한 존재가 되더라도 운명에 반항하고 싶다. 고난을 돌파하여 환희에 도달하라. 나는 절망 끝에 목숨을 스스로 끊으려고까지 생각했다. 그러나 그것을 중지시킨 것은 오직 나의 예술뿐이다."

베토벤은 고난의 십자가를 짊어지고 태어난 예술가였다. 그는 어려서부터 인생의 가혹한 운명의 비바람 속에서 성장했다. 집은 가난했다. 아버지는 테너 가수였지만 밤낮 술을 마시었다. 그는 아들의 음악

마리아 막달레나
(Maria Magdalena,
1746-1787)
베토벤 어머니

48

적 재주가 비범한 것을 알고 그것을 생활의 밑천으로 삼으려고 했다. 베토벤은 4살 때부터 방안에서 감금당하다시피 과도한 피아노와 바이올린 연습을 해야 했다. 어린 베토벤에게는 견디기 어려운 고역이었다.

그러나 베토벤에게는 오직 하나의 기쁨이 있었다. 그것은 어머니의 사랑이었다. 베토벤의 어머니는 가난하고 무식하고 천한 계급의 여성이었다. 그녀는 처음에 어떤 상민과 결혼을 하였으나 남편이 일찍 죽자 술주정뱅이의 가수와 재혼하여 베토벤을 낳았다. 어머니는 무식하고 비천한 여성이었지만 베토벤에 대해서 헌신적인 애정을 퍼부었다. 그녀는 어린 베토벤의 정신적인 등불이었다.

그러나 운명은 가혹했다. 비엔나에 가서 음악 수업을 받던 베토벤은 어머니가 위독하다는 소식을 듣고 황급히 본으로 돌아왔다. 베토벤이 17세일 때 어머니는 폐결핵으로 세상을 떠났다. 가난과 과로가 원인이었다.

베토벤은 샤덴 박사에게 보낸 편지에서 다음과 같이 말했다. "어머니는 나에게 있어서 참으로 착한 어머니, 사랑스런 어머니, 최선의 벗이었습니다. "어머니!" 하고 다정하게 부르면 어머니께서 대답하시던 그 시절이 그리워집니다. 이제 누구에게 그렇게 부를 수 있겠습니까?"

어머니의 죽음은 베토벤의 생애에 있어서 큰 타격이었으며 다시없는 슬픔이었다. 사랑하는 어머니를 잃은 베토벤은 술만 마시는 아버지와 어린 두 동생을 데리고 집의 살림살이를 맡아보게 되었다. 또 28세 때부터 청각이 흐려지기 시작했다. 음악가가 귀머거리가 된다는 것은 사형 선고와 다름없었다. 그는 인생의 무거운 고난의 십자가를 지고 있었다.

그러나 그는 고난 속에서 늠름하게 견디는 자세를 어머니에게서 배웠다. 어떤 어려운 일이 있어도 인내와 용기로써 감당하는 의지력을 어머니로부터 물려받았다. 그는 예술에 대한 사랑과 꿋꿋한 의지력을 가지고 고뇌를 뚫고 환희에 도달했다. 환희를 노래한 베토벤의 9번 합창 교향곡은 이를 입증하는 것으로 그의 예술 세계의 정수를 보여준다.

베토벤의 위대한 예술적 창조의 배후에는 어머니가 어렸을 때 그에게 심어준 사랑의 씨와 정신의 샘이 깊이 배어 있었다. 그의 음악은 단순한 즐거움의 차원을 넘어서 깊은 사상과 철학의 차원에까지 도달했다. 그는 인류가 우러러보는 악성(樂聖)이다.

행복한 가정

라파엘로 〈방울새의 성모〉

효는 가정에서 이루어진다. 행복한 가정이 바로 효도하는 자체이다. 화목한 가정은 가족을 위한 최고의 선물이다. 그로 인해 가족 구성원은 평안과 행복을 느끼며 자신이 얼마나 소중하고 사랑스러운 존재인지를 깨닫는다. 평범한 일상에서 서로를 아끼고 사랑하는 것이 화목한 가정을 만드는 지름길이다.

호화주택에 살면서 다투며 사는 가정이 있는가 하면 오막살이 안에 웃음과 노래가 가득한 가정이 있다. 비록 가진 것은 많지 않아도 사랑이 있고, 꿈이 있고, 내일의 희망이 있으면 그곳이 행복한 가정이다. 가정을 행복하게 만드는 것은 건물이나 가구에 있지 않고 오직 마음에 있고 정신 속에 있다. 좋은 집에 살려고 하기보다 행복한 가정을 이루어야 한다.

　사랑과 웃음이 가득한 가정이야말로 행복한 가정이다. 가정은 생명의 산실이며 행복의 원천이다. 행복한 가정에서 상처와 아픔은 치유되고, 슬픔은 나눠지고, 기쁨은 배가된다. 가정은 구성원 간의 헌신이 없이는 영위되지 못한다. 행복한 보금자리는 그저 되는 것이 아니라 구성원인 가족들이 스스로 만들어 가는 것이다. 가정의 화목을 이루는 지혜를 발휘해야 한다.

 빅토르 위고 어머니

• 빅토르 위고의 어머니는 위고를 어떻게 교육했을까?

빅토르 위고(Victor Hugo, 1802~1885) 프랑스의 위대한 문호.

　19세기 프랑스의 문호 빅토르 위고는 이렇게 말했다. "오늘의 문제는 싸우는 것이요, 내일의 문제는 이기는 것이다. 인생에는 세 가지의 싸움이 있다. 첫째는 자연과 인간과의 싸움이요, 둘째는 인간과 인간과의 싸움이요, 셋째는 자기 자신과의 싸움이다." 위고는 소설로써 이러한 싸움을 표현하였다. 첫 번째의 싸움을 그린 소설이 ≪바다의 노동자들≫이요, 두 번째 싸움을 그린 소설이 ≪93년≫이라는 역사 소설이며, 세 번째 싸움을 그린 것이 유명한 ≪레미제라블≫이다. 이것이 위고의 유명한 3부 작이다.

　위고는 정의를 위하여 붓을 들었으며 사회악과 싸웠다. 그는 나폴레옹 3세가 쿠데타를 일으켰을 때 이렇게 외치면서 무릎을 꿇지 않았다. "나는 오직 한 개의 정의의 돌을 가지고 병사와 탄환과 권위를 가진 자들과 싸웠다."

　위고의 고결한 인격과 뛰어난 정의감은 어머니의 훌륭한 가정교육에 힘입었다. 위고의 어머니는 현명하고 엄격하면서 자애심이 많은 부인이었으며 자식의 교육을 위해서 헌신적 노력을 다하였다.

　위고가 6살 때 일이다. 옆집의 사과나무에 사과가 열렸다. 어린 위고가 사과를 따고 싶어 하자 서 어머니가 타일렀다. "그래, 사과가 예

쓰지. 그러나 남의 집 사과니까 절대로 따면 안돼요." 사과가 붉게 익어서 땅에 몇 개 떨어졌다. "어머니, 옆집 사과가 떨어졌어요. 땅에 떨어진 것도 주우면 안 돼요?" 위고의 어머니는 단호하게 말했다. "남의 집 사과는 떨어졌어도 절대로 주워 가지면 안 된다."

위고의 시에 대한 소질이 비상한 것을 발견한 것은 위고의 어머니였다. 영국에서 헨리 4세의 동상을 건립하면서 널리 프랑스까지 현상시를 공모하였다. 그때 어머니는 심한 폐렴에 걸려 자리에 눕게 되었다. 위고와 그의 형제는 하루씩 번갈아 가면서 어머니의 병을 간호했다. 현상시의 마감 날이 다가오자 어머니는 병간호는 염려 말고 위고에게 현상시를 쓰라고 격려했다. 위고는 장편의 시를 써서 어머니에게 보이자 병석에서 읽고 기뻐하면서 칭찬했다. "한 밤 동안에 이렇게 훌륭한 시를 썼구나." 어머니의 격려로 쓴 시는 심사 결과 최우등으로 당선되어 위고의 이름은 널리 영국에까지 알려지게 되었다.

어린 아들의 숨은 소질을 일찍부터 발견하여 그것을 계발하고 육성하고 격려하여 대문호가 되게 한 위고의 어머니는 현모의 한 전형이다. 위고는 후에 이렇게 갈파했다. "여성은 약하다. 그러나 모성은 강하다."

나무가 자랄수록 나무껍질에 새겨진 글자가 커지고 넓어지듯, 유년 시절 마음속에 새겨진 생각들의 영향력이 확대된다. 어릴 적 마음속에 심어진 생각은 땅에 떨어진 씨와 같아서 한 동안은 보이지 않지만 서서히 싹을 틔워 표출된다. 어릴 적 받은 사소한 본보기라도 좀체 지워지지 않는다.

가정은 모든 인간이 도덕 교육을 받는 곳이다. 가정은 인격을 연마시키는 최초이자 중요한 학교이다. 사랑이 가득 넘치는 가정, 그 자체보다 더 위대한 교사는 없다. 행복한 가정이야말로 최고의 학교이다. 자신의 가정이 행복한 가정이 될 수 있도록 자신의 위치에서 최선을 다해 노력해야 한다. 설사 남들보다 부족하다고 생각할수록 더욱 최선을 다해야 한다.

≪명심보감≫의 교훈

≪명심보감≫에는 부모가 자식을 대하는 것과 자식이 부모를 대하는 것에 대하여 비교하는 여러 글이 있는데 자식으로서 새기고 반성해야 할 내용이 많다.

'어린 자식들은 아무리 말이 많아도 그대가 듣기에 늘 싫지 않고, 그대의 부모가 어쩌다 한 번 입을 열면 참견이 많다 한다. 참견이 아니라 부모는 걱정되어 그러느니라. 흰 머리가 되도록 긴 세월에 아시는 게 많으니라. 그대에게 권하노니, 늙은 부모의 말씀을 공경하여 받들고, 젖내 나는 입으로 옳고 그름을 다투지 마라.'

'어린 자식의 오줌과 똥 같은 더러운 것도 그대 마음에 거리낌이 없고, 늙은 어버이의 눈물과 침이 떨어지면 도리어 미워하고 싫어하는 뜻이 있다. 여섯 자나 되는 몸이 어디서 왔는가. 아버지의 정기와 어머니의 피로 그대의 몸이 이루어졌네. 그대에게 권하노니 늙어가는 어버이를 공경하여 모시라. 젊었을 때 그대를 위하여 힘줄과 뼈가 닳도록 애쓰셨느니라.'

'부모를 봉양하는 것은 오직 두 분뿐인데도 늘 형과 동생이 못 모시겠다고 다투고, 자식 기르는 것은 열 명이라도 모두 혼자서 맡느니라. 자식이 배부르고 따뜻한 것은 항상 물어보면서도 부모가 배고프고 추운 것은 마음에 두지 않는다. 그대에게 권하노니, 부모를 받들고 섬기기에 힘을 다하여라. 그대를 기를 때 입는 것과 먹는 것을 그대에게 빼앗겼다네.'

'그대가 새벽에 저자로 나가 떡을 사는 것을 보는데, 부모에게 드린다는 말은 듣지 못하고 자식에게 준다는 말만 들었다. 부모는 아직 먹지도 않았는데 자식이 먼저 배가 부르니 자식의 마음은 부모의 마음이 좋아하는 것에 비하지 못하리라. 그대에게 권하노니, 떡 살 돈을 많이 내어 사실 날도 얼마 안 남은 늙은 부모님을 잘 봉양하라.'

부모에게 효도하면 자식이 본받아서 효도하지만 효도하지 않으면 그때 자식의 효도를 바라서도 안 된다. 자식들이 자신에게 해주기 바라는 것과 똑같이 자신의 부모에게 행해야 한다.

≪명심보감 明心寶鑑≫
고려 때 어린이들의 학습을 위하여 중국 고전에 나온 선현들의 금언(金言)·명구(名句)를 편집하여 만든 책.

• 위 구절을 읽고 느낀 점은 무엇인가?

- 효는 가족 공동체를 유지하는 가장 기본적인 윤리이다.
- 효의 기본 정신은 부모님의 마음을 헤아리고 정성을 다해 모시는 것이다.
- 효는 부모 자식 간의 상호 관계에서 출발한다.
- 부모는 자녀를 낳아 사랑을 베풀고 보살피고 길러야 하며 자녀는 이와 같은 은혜에 대한 보답으로 효도를 해야 한다.
- 진정으로 마음에서 우러난 효도를 해야 한다.
- 부모님의 마음을 편안하게 해드리고 공경하는 마음의 표현이 중요하다.
- 효도는 일회성 이벤트로 끝나는 것이 아니라 부모님의 살아생전에 정성을 다해 꾸준히 모셔야 한다.
- 가족이 화목하게 지내는 것이 바로 효도이다.
- 가족의 의미는 세상을 살아가는 힘과 정신적인 안정감의 원천이다.
- 가족은 사랑과 나눔의 시작인 동시에 끝이다.
- 인생에서 가장 오래 함께 하는 존재가 가족이다.
- 가족과 함께 있을 때 최선을 다해야 한다.
- 행복한 가정이 바로 효도하는 자체이다.
- 화목한 가정은 가족을 위한 최고의 선물이다.
- 가정을 행복하게 만드는 것은 마음에 있고 정신 속에 있다.
- 사랑과 웃음이 가득한 가정이야말로 행복한 가정이다.
- 가정은 생명의 산실이며 행복의 원천이다.
- 행복한 가정은 가족들이 스스로 만들어 가는 것이다.
- 가정은 인격을 연마시키는 최초이자 중요한 학교이다.
- 행복한 가정이 될 수 있도록 자신의 위치에서 최선을 다해야 한다.

확인하기

1 다음 중에서 설명이 틀린 것은 무엇인가요?

① 효는 부모 자식 간의 상호 관계에서 출발한다.

② 효도하는 데 있어서 마음보다 물질이 더 중요하다.

③ 가족이 화목하게 지내는 것이 바로 효도이다.

④ 가정은 인격을 연마시키는 최초이자 중요한 학교이다.

2 부모님에게 왜 효도해야 하는지 적어 보세요.

_____

_____

3 부모님에게 효도하는 방법을 적어 보세요.

_____

_____

_____

4 나는 가족에게 어떤 말을 많이 하는지 적어 보세요.

_____

_____

_____

5 별지에 부모님께 드리는 편지를 써 보세요.

정답 1. ② 2~5. 각자 작성

55

3 정직

📖 학습목표 • 정직을 실천해야 하는 이유를 인식할 수 있다.
• 양심을 실천하는 방법을 이해할 수 있다.
• 신뢰의 의미를 이해하고 실천 방법을 말할 수 있다.

✗ 정직이란 무엇인가

무한 경쟁이 펼쳐지고 결과지상주의가 판을 치는 현대 사회에서 '정직하면 손해 본다'는 심리가 팽배해 있다. 자신의 이익이나 편의를 위해 겉과 속이 다른 사람이 많은 게 현실이다. 정직을 내세우는 사람에게 꽉 막힌 사람이라고 낙인을 찍고 융통성을 발휘한다는 미명 하에 거짓과 속임수를 행한다면 이는 올바른 삶이 아니다. 이는 당장에는 조그마한 이익이 있을지는 몰라도 장기적인 면에서 불행의 씨앗이다.

정직하지 못한 사회는 불신사회이며 부정적인 사람들로 인해 공정치 못한 행위가 판을 치면서 불편과 불이익을 낳는다. 정직한 사람들로 이루어진 신뢰 사회를 만들고 더욱 발전시켜 나가야 한다.

🎤 빈 화분

• 한 신하는 왜 빈 화분을 가져왔을까?

어떤 임금이 신하들의 정직성을 시험해 보려고 삶은 씨앗을 비단 주머니에 담아 나누어주며 말했다. "비단 주머니 안에는 아름다운 꽃의 씨앗이 들어있으니 각자 최선을 다해 꽃을 피워 화분에 담아오너라. 가장 아름답게 꽃을 피운 사람에게 상을 내리겠노라."

신하들은 모두 정성을 다해 씨앗을 심고 가꾸었지만 삶은 씨앗이었기 때문에 아무리 좋은 비료를 주며 정성 들여 가꾸어도 꽃은커녕 싹조차 날 리 없었다.

어느덧 왕이 정한 기한이 되자 신하들은 아름다운 꽃이 핀 화분을 가져왔다. 그런데 그중에서 오직 한 신하만이 빈 화분을 들고 왔다. 왕은 빈 화분을 들고 온 신하에게 물었다. "다른 사람은 아름답게 꽃을 피운 화분을 들고 왔는데 어떻게 그대는 빈 화분을 가져왔느냐?"

그러자 신하가 대답했다. "저는 이 씨앗을 심고 정성을 다해 보살폈습니다만 어쩐 일인지 꽃은커녕 싹조차 나지 않았습니다." 임금은 껄껄 웃으며 "그대가 진정 정직한 신하이니라"라고 하면서 더욱 높은 벼슬을 내렸다.

정직은 당장은 손해를 보는 것 같지만 정직한 것이 개인과 공동체에 행복을 가져다주는 지름길이다. 정직이 행복이다. 정직하면 거리낄 것이 없어 당당해질 수 있다. 무엇보다 자긍심을 가지고 자기 자신에게 떳떳해질 수 있다. 두려울 것 없이 자유로울 수 있어서 몸과 마음이 편안해지고 행복할 수 있다. 이러한 개인의 행복감이 모여 사회 전체로 퍼질 때 건전한 공동체 발전과 공동체의 행복을 기할 수 있다.

정직은 인간관계에 큰 영향을 끼친다. 정직은 인간관계의 기반이다. 정직한 사람은 주위 사람으로부터 신뢰와 호감을 얻어 좋은 인간관계를 맺을 수 있다. 정직은 감동으로 가는 지름길이다. 정직은 사람과 사람 사이를 바르게 이어주는 믿음과 신뢰의 다리이다. 정직을 잃으면 믿음의 다리가 무너지고 사람 사이는 의심과 혼돈, 속임과 다툼으로 한시도 편할 날이 없다. 정직해야 건전하고 올바른 인간관계가 형성된다.

 한비 어록

> 교묘하게 속이는 것보다는 서투르더라도 정직한 것이 좋다.

 나 하나쯤이야

• '나 하나쯤이야' 생각하고 한 행동의 결과는 어떠했을까?

> 옛날 어느 부자가 자신의 하인 백 명을 한 곳에 불러 모았다. 하인들이 모인 자리에는 커다란 항아리가 놓여 있었다. 부자는 하인들에게 금화 한 닢과 작은 술 단지를 하나씩 나누어 주고 말했다. "곧 큰 잔치를 여는데 그동안 맛보지 못했던 특별한 포도주를 연회에서 내놓고 싶으니 내가 준 금화로 각자 다른 포도주를 한 단지씩 사 와서 이 큰 항아리에 부어 한데 섞어 두도록 해라. 여러분들이 사온 여러 가지 포도주를 섞으면 어떤 맛이 날지 궁금하구나."
>
> 하인들은 술 단지와 금화를 가지고 각자 포도주를 구하러 떠났다. 그런데 한 하인은 주인에게 받은 금화를 자신이 챙기고 '이렇게 큰 술 항아리에 물이 조금 섞인 걸 누가 알겠어. 이 금화는 내가 써야겠다'고 마음먹고 자신의 술 단지에는 물을 채우고 돌아왔다. 그리고 주인이 말한 큰 항아리에 슬그머니 물을 부어 놓았다.

한비(韓非, BC 280~BC 233)
중국 전국 시대의 정치철학자. 사상가. 작가. 《한비자》를 저술하여 법가 이론을 집대성하였음.

잔치가 열린 날 부자는 포도주를 사러 보낸 하인들을 모아 두고 말했다. "오늘의 잔치는 그동안 고생한 너희들을 위한 잔치다. 오늘 하루는 너희가 사 온 술을 마음껏 마시며 즐기기 바란다." 그리고 큰 항아리에 담긴 포도주를 모두에게 나누어 주었다.

그런데 술을 받은 하인들 모두 깜짝 놀랐다. 그들이 술잔에 받은 것은 전부 맹물이었다. 백 명의 하인들은 모두 나 하나쯤이야 하고 생각하고, 금화를 빼돌리고 물을 가져왔던 것이었다. 결국, 하인들은 빼돌린 금화를 도로 빼앗기고 잔치 내내 맹물만 마시고 있어야 했다.

인간은 사회적 동물이다. 특히 공동체와 떨어져 살 수 없는 현대 사회에서 '나 하나쯤이야' 하는 생각은 공동체의 쇠락을 가져오기 마련이다. 정직해야 개인도 건전한 사람이 되며 사회도 건전한 공동체가 된다. 정직이 개인적으로나 사회적으로 최상의 정책이다.

양심이란 무엇인가

인간으로서 양심을 지키고 정직하게 행동하는 것은 지극히 당연한 일이다. 그럼에도 불구하고 양심을 속이고자 하는 여러 유혹들이 산재해 있다. 양심을 지키거나 버리는 것은 오직 자신에게 달려있다. 늘 마음을 살피고 반성하면서 양심적인 인격을 갖추기 위해 노력해 나가야 한다.

≪중용 中庸≫
어느 한쪽에 치우침이 없는, 즉 지나치거나 모자람이 없으며(中), 항상 변함이 없는 도리(庸)를 설명한 책. 공자의 손자 자사가 지었다는 설이 있음. 사서(대학, 중용, 논어, 맹자) 중 하나임.

🎤 ≪중용≫중에서

어두운 곳보다 더 잘 드러나는 곳은 없고, 미세한 곳보다 더 잘 나타나는 곳은 없다. 그러므로 군자는 자신이 홀로 있을 때도 몸가짐과 행동을 삼간다.

마음속의 법인 양심이 법전보다 더 소중하다. 법률에 저촉되는 죄를 저지르면 변호할 방법이라도 있지만 양심에 어긋나는 죄를 저지르면 도망칠 수가 없다. 양심이 자신을 용서해 주지 않기 때문이다. 양심에 상처를 받지 않으려면 거짓말을 하거나 속이지 말아야 하며 남에게 부끄러워할 일을 하지 말아야 한다. 자칫 잘못을 저질렀을 때는 정직하게 시인해야 한다.

인간은 유혹에 넘어가기 쉽다. 소위 말해 사회에서 잘 나가는 많은 사람이 부정부패를 저질러 감옥에 가거나 불행한 상황을 맞이하고 있다. 이처럼 자기 수양에 철저하지 못하고 외부의 유혹을 다스리지 않으면 비참한 결과를 낳게 된다. 자기 자신을 스스로 경계하면서 유혹을 떨쳐낼 수 있어야 한다.

남을 의식하지 말고 항상 의(義)를 염두에 두고 두려워할 외(畏)를 마음에 새겨 스스로 삼가야 한다. 이렇게 하면, 자만에 빠지거나 방자함을 막을 수 있다. 자신에게 엄격해야 문제를 일으키지 않고 명성을 잃지 않으며, 개인의 발전을 가져오고 사회가 성숙해진다. 정직을 실천하기 위해서는 어떤 상황에서도 양심을 저버리지 않는 용기가 필요하다.

🎙 호메로스의 ≪오디세이아 Odyssey≫ 중에서

• 율리시스는 유혹에 굴복하지 않기 위해 어떻게 했을까?

주인공인 율리시스는 그리스 신화에 나오는 영웅으로 오디세우스(Odysseus)의 라틴어 이름이다. 율리시스가 시실리 섬 근처를 지나게 되었는데 이곳에는 세이렌이라는 생물체가 살고 있었다. 세이렌은 밤에 아름다운 노래로 사람을 현혹해 배를 암초가 있는 곳으로 유인하여 난파시키고 선원들을 물로 뛰어내리게 했다. 그러다 보니 대부분의 선원은 시실리 섬을 지나지 않고 돌아갔지만, 율리시스는 이곳을 지나가기로 했다.

호메로스(Homeros, BC 8세기경)
고대 그리스의 시인. 유럽 문학의 효시인 ≪일리아스≫와 ≪오디세이아≫의 작가.

> 율리시스는 이곳을 지나가기 전에 선원들을 불러 귀에 양초를 녹여 굳힘으로 아무 소리도 못 듣게 하였고 율리시스는 양초가 모자라서 자신의 귀는 막지 못했다. 밤이 되자 세이렌의 아름다운 노래가 들리기 시작했다. 율리시스는 홀로 노래에 유혹되어 선원들에게 세이렌의 소리가 나는 곳으로 배를 돌리라고 고함을 쳤지만, 귀를 막은 선원들은 듣지 못했다. 율리시스의 손은 매듭으로 키에 묶어놨기 때문에 바다로 뛰어들 수도 없었다. 결국, 닥칠 위험을 지혜롭게 대비한 율리시스 때문에 배는 무사히 시실리 섬을 지나갈 수 있게 되었다.

유혹에 넘어가서는 안 된다. 철저한 자기관리를 통해 유혹을 이겨내야 한다. 거절해야 할 때 거절할 줄 아는 것은 자기관리의 지혜이다. 당연히 거절해야 할 일을 거절하지 않고 양심에 반한 부도덕한 일을 저질러 큰 낭패를 보는 경우가 비일비재하다. 거절해야 할 때 양심을 지키는 용기를 발휘해야 한다.

정직과 신뢰

우리는 지금 서로를 믿지 못하는 불신 사회에서 살고 있다. 낮은 신뢰 사회에서 높은 신뢰 사회로 나가야 한다. 건전한 사회가 되려면 신뢰가 바탕이 되어야 한다.

신뢰는 자신을 포함한 타인을 믿는 것으로 사회에서 신뢰는 핵심가치이다. 신뢰는 개인 간, 공동체 구성원 간을 묶어주는 감성적인 접착제다. 신뢰가 없다면 건전한 사회가 될 수 없고 지탱하기도 어려울 뿐만 아니라 개인의 삶도 견뎌내기가 어렵게 된다. 왜냐하면, 남을 신뢰할 수 없다면 결국 믿을 수 있는 사람은 자신밖에 없어 고립할 수밖에 없기 때문이다.

정직과 신뢰는 불가분의 관계이다. 정직하면 신뢰가 생긴다. 정직하면 자기 스스로에 대한 신뢰도 생기고 다른 사람으로부터도 신뢰를 얻는다. 신뢰는 긍정의 감정으로 자기 자신을 지키는 버팀목이다. 똑같은 능력을 가지고 있어도 자기 자신을 향한 믿음을 가지고 있고 다른 사람으로부터도 신뢰를 얻고 있다면 결과적인 면에서 엄청난 진전을 가져온다.

 공자 어록

> 한 국가가 안정적으로 존속하려면, 충분한 군사력(足兵), 충분한 먹을거리(足食), 그리고 백성의 신임과 마음(民信)을 모두 얻어야 한다. 부득이하게 이들 중 하나를 버려야 한다면 먼저 군사를 버려야 하고, 다음은 먹는 것을 버려야 한다. 그러나 마지막까지 버리지 말아야 할 것은 백성의 신뢰이다.

위정자와 백성의 관계뿐만 아니라 인간관계에는 상호 신뢰가 전제되어야 한다. 신뢰가 없으면 인간관계의 기반이 지탱될 수 없으며 무너지고 만다. 신뢰는 인간관계에 있어서 가장 중요하며 좋은 인간관계의 원동력이다. 신뢰하는 사람에게 매력을 느끼고 그 사람이 말하거나 주장하는 것에 대하여 지지하고 받아들인다. 신뢰는 인간관계의 생명과도 같은 것이므로 신뢰의 축적이야말로 인간관계 발전을 측정하는 기준이 된다. 서로에게 믿음을 주면서 신뢰를 쌓아가야 한다.

앤드루 카네기(Andrew Carnegie, 1835~1919) 미국의 철강 사업가 · 자선가.

 앤드루 카네기 어록

> 아무리 보잘것없는 약속이라도 한 번 약속한 일은 상대방이 감탄할 정도로 정확하게 지켜야 한다. 약속을 어기면 그만큼 서로의 믿음이 약해진다. 약속은 꼭 지켜야 한다.

🎙 증자의 아들과의 약속

• 증자는 아들과의 약속을 어떻게 실천했을까?

증자(曾子, BC 505~BC 436경)
중국의 철학자. 자는 자여. 공자의 문하생이며 ≪대학≫ ≪효경≫)의 저자.

> 어느 날 공자의 제자 증자의 아내가 시장에 가려 하는데 어린 아들이 따라가겠다고 보채자 증자의 아내가 말했다. "얘야, 따라오지 말고 집에 있어라. 엄마가 시장 갔다 와서 돼지를 잡아 맛있는 요리를 해주마." 그 말에 아이는 떼쓰기를 멈추었고 얌전히 증자 곁에서 혼자 놀았다.
>
> 얼마 후 증자의 아내가 시장에서 돌아와 보니 증자가 돼지를 잡고 있었고, 어린 아들은 신이 나서 옆에서 팔짝팔짝 뛰고 있었다. 아내는 깜짝 놀라 남편에게 물었다. "아까 내가 돼지를 잡겠다고 한 건 그냥 애를 달래려고 한 건데, 정말 돼지를 잡으시면 어떡해요?"
>
> 증자가 정색하고 아내에게 말했다. "아이에게 실없는 말을 하지 말아요. 아이들은 무엇이든 부모의 흉내를 내고 배우게 마련이오. 당신은 어머니로서 아들을 속이려 했소. 어머니가 아이를 속이면 그 아이는 다시는 어머니의 말을 믿지 않을 것이니, 훗날 어떻게 아이를 가르치겠소?"

약속은 지켜져야 한다. 약속의 중요성을 깨닫고 생활 속에서 작은 실천이 몸에 배어야 한다. 약속을 지키는 것은 정직이고 믿음이고 신뢰이자 사랑이다.

신뢰할만한 사람이 되기 위해서는 일상생활의 작은 일에서부터 바른 생각을 가지고 정직하고 성실하게 살아야 한다. 말과 행동이 일치해야 하며 거짓을 행하지 않고 진실성과 진정성을 가져야 한다. 지키지 못할 약속은 아예 하지 않아야 하며 거짓말은 절대로 해서는 안 된다. 독선과 아집을 부리지 말고 사과해야 할 때 진정한 마음으로 사과해야 한다.

사람은 다른 사람으로부터 신뢰를 잃으면 비참해진다. 말을 해 놓고 행동하지 않거나 말과 행동이 다르다면 신뢰감은 무너지고 믿을 수 없는 사람으로 취급되면서 불신을 받게 되고 주위 사람 들로부터 외면당하게 된다. 신뢰를 잃어버리면 설 땅이 없게 되어 죽은 사람과 같다. 신뢰는 유리와 같아서 한 번 금이 가면 다시 는 회복되지 않으며 종잇장과 같아서 한번 구겨지면 다시는 완벽 해지지 않는다. 여하한 일이 있더라도 신뢰를 잃지 않도록 노력해 야 한다.

칸트 아버지의 지나친 정직

독일의 철학자 임마누엘 칸트의 아버지는 폴란드인이었다. 그가 고향인 폴란드 슐레지엔으로 가기 위하여 말을 타고 산길을 지날 때였다. 강도들이 나타나 말과 가진 것을 모두 빼앗았다.

"숨긴 것은 없느냐?"
"없습니다."
"그럼 이제 가거라."

모든 것을 빼앗겼지만 무사히 강도에게서 풀려났다. 그런데 그때 바지춤에 몰래 숨겨 둔 금 덩어리가 있음을 뒤늦게 발견했다. 그는 순간적으로 고민을 했지만 강도들에게로 다시 돌아가서 말했다.

"죄송합니다. 조금 전에는 너무나 무섭고 정신이 없어서 숨긴 것이 없느냐고 물을 때 없다고 했지만 조금 가다가 이 금덩이를 숨긴 것을 발견했습니다. 받으십시오."

말이 끝나자마자 강도는 빼앗은 말과 물건을 내주면서 칸트 아버지 앞에 엎드려 간절한 어조로 말했다.

"잘못했습니다. 저는 선생님이 두렵습니다. 저를 용서해 주시고 저를 위해 기도해주십시오."

임마누엘 칸트(Immanuel Kant, 1724~1804)
독일의 계몽주의 사상가. 근대 계몽주의를 정점에 올려놓았고 독일 관념철학의 기초를 놓은 철학자.

• 칸트 아버지의 정직에 대해 어떻게 생각하는가?

◉ 거짓과 속임수를 행한다면 이는 올바른 삶이 아니다.

◉ 정직한 사람들로 이루어진 신뢰 사회를 만들어야 한다.

◉ 정직이 개인과 공동체에 행복을 가져다주는 지름길이다.

◉ 정직하면 거리낄 것이 없어 당당해질 수 있다.

◉ 정직은 인간관계의 기반으로 정직해야 올바른 인간관계가 형성된다.

◉ 정직해야 개인도 건전한 사람이 되며 사회도 건전한 공동체가 된다.

◉ 인간으로서 양심을 지키고 정직하게 행동하는 것은 당연한 일이다.

◉ 양심적인 인격을 갖추기 위해 노력해 나가야 한다.

◉ 마음속의 법인 양심이 법전보다 더 소중하다.

◉ 남에게 부끄러워할 일은 하지 말아야 한다.

◉ 잘못을 저질렀을 때는 정직하게 시인해야 한다.

◉ 정직을 실천하기 위해서는 양심을 저버리지 않는 용기가 필요하다.

◉ 철저한 자기관리를 통해 유혹을 이겨내야 한다.

◉ 신뢰는 자신을 포함한 타인을 믿는 것이다.

◉ 정직과 신뢰는 불가분의 관계로서 정직하면 신뢰가 생긴다.

◉ 인간관계에는 상호 신뢰가 전제되어야 한다.

◉ 약속의 중요성을 깨닫고 작은 실천이 몸에 배어야 한다.

◉ 신뢰를 얻기 위해서는 말과 행동이 일치해야 하며 거짓을 행하지 않고 진실성과 진정성을 가져야 한다.

확인하기

1 정직한 사회는 어떤 사회인지 서술하시오.

....

2 정직은 인간관계에 어떻게 영향을 미치는지 서술하시오.

....

....

3 '마음속의 법인 양심이 법전보다 더 소중하다'의 뜻을 쓰세요.

....

....

4 양심에 가책이 되는 일을 생각하면 어떤 느낌이 드는지 써 보세요.

....

....

5 양심에 가책이 되는 일을 통해 깨달은 점이 무엇인지 써 보세요.

....

....

6 신뢰를 얻는 실천 행동에는 어떤 것이 있는지 적어 보세요.

....

....

정답 1~2. 각자 작성 3. 법이 지배하는 사회보다 양심이 지배하는 사회가 더 바람직한 사회이다. 양심이 아닌 것이 부끄러운 마음이 들어야 진정한 마음으로 도덕적인 삶을 지켜갈 수 있다. 4~6. 각자 작성

4 책임

📖 학습목표
- 책임과 솔선수범의 자세를 이해할 수 있다.
- 공동체에서의 나의 의무를 인식할 수 있다.
- 책임과 관련한 성실, 질서 준수, 자연보호에 대한 내용을 설명할 수 있다.

🌀 책임지는 자세

🎤 잠꾸러기의 책임감

- 잠꾸러기는 어떤 식으로 자신의 책임감을 보여 주었을까?

한 젊은 사람이 농장에서 사람을 구한다는 말을 듣고 찾아가자 농장주는 "가장 잘하는 일이 무엇이오" 하고 물었다. 그러자 "잠자는 걸 가장 잘합니다"라고 했다. 농장주는 대답이 마음에 들지 않았지만 당당한 태도를 보고 고용했다.

어느 날 밤에 천둥 번개가 치고 비가 억수같이 퍼부었다. 걱정인 된 농장주는 잠에서 깨어 농장 비닐하우스 등을 살펴보았지만 단단하게 고정되어 아무런 이상이 없었다. 안도하면서 기쁜 마음으로 젊은 사람의 숙소에 들리니 코를 골며 자고 있었다.

젊은 사람은 일기예보를 듣고 대비하여 낮에 작업했던 것이었다. 농장주는 젊은 사람이 잠자는 걸 제일 잘한다는 말 뒤에 숨은 책임감을 이해하게 되었다.

인간은 다른 사람들과 더불어 살아가는 공동체의 일원이다. 공동체의 일원으로서 책임감을 가지는 것은 당연할 뿐만 아니라 개인과 다른 사람 나아가 공동체의 유지 발전을 위해서 반드시 가져야 할 의식이다.

만약 각자가 책임 의식을 망각한다면 다른 사람과 공동체, 그리고 자신에게도 부정적 영향을 끼치며 궁극적으로 공동체를 유지하기 힘들 것이다.

각자가 주인의식을 가지고 책임을 다할 때 나와 다른 사람과 공동체가 함께 발전한다. 책임감을 느끼는 사람이 많을수록 공동체에 대한 신뢰감이 깊어져 소속감과 자부심이 강화된다.

책임감은 개인이나 공동체의 행복을 위한 출발점이다. 공동체 구성원들의 높은 책임감과 책임 있는 행동은 인간에 대한 신뢰와 애정이 무르익게 되어 공동체의 발전과 행복을 증진시켜 준다.

✗ 솔선수범

🎤 세종대왕의 솔선수범

• 세종대왕은 솔선수범을 어떻게 실천했을까?

세종(世宗, 1397~1450) 조선의 제4대 왕 (재위 1418~1450). 한글 창제, 과학기술을 발전시킨 최고의 성군.

세종이 1418년 즉위한 뒤 무려 7년간 극심한 가뭄이 계속됐다. 기아로 인한 백성들의 고통은 이루 헤아릴 수 없었다. 세종 3년 구휼 사업의 목적으로 광화문 네거리에 큰 가마솥이 걸렸다. 세종이 임금의 식량인 내탕미를 꺼내 죽을 쑤라고 명령했기 때문이었다.

어느 날 현장에 나갔던 세종은 피골이 상접한 몰골로 죽을 먹는 백성들을 보고 눈물을 흘렸다. 궁궐에 돌아온 뒤 경회루 옆에 초가집을 짓되 궁궐 안의 낡은 재목을 사용하라고 지시했다. 세종은 초가집에서 2년 4개월 동안 먹고 자며 정무를 살폈다. 백성들과 고통을 함께하겠다는 의지의 표현이었다.

≪세종어제훈민정음≫
목판본 월인석보 제1권

신하들과 왕비는 건강을 해칠 것을 우려하여 정전에서 집무할 것을 애원했지만, 세종은 거절하면서 말했다.
"백성들이 굶어 죽어 나가는 데 임금이 어찌 기와집 구들장을 지고 편한 잠을 잘 수가 있더냐. 나는 나가지 않을 것이니라."

솔선수범은 특히 앞장서는 사람에게 가장 필요한 덕목이다. 인간 사회에서는 큰 조직이든 작은 조직이든 앞장서는 사람이 있게 마련이다. 국가, 기업, 가정, 학교, 심지어 동우회, 동아리까지 모범을 보여야 하는 리더가 있기 마련이다.

리더는 권한보다는 책임이 더 큰 것을 알고 실천하는 사람으로 '솔선'보다 더 적절한 좌우명은 없다. 권한을 행사하기보다는 솔선수범하고 책임지는 자세를 취해야 한다. 인격과 성품, 도덕성에 기초하여 책임감, 정직과 성실, 절제, 포용력 등에서 모범을 보여야 한다.

의무

의무는 누구나 마땅히 해야 하는 일이다. 의무를 이행한다는 것은 스스로를 헌신하는 것이다. 단호히 행동하고 자발적인 노력으로 갚을 수 있는 채무이다. 의무감은 인격의 중요한 요소이며 인간의 고귀한 태도를 뒷받침하고 있는 원칙이다.

의무는 고차원적인 삶의 목적지이고 목표로서 의무를 이행하지 않는 행동은 진실할 수 없다. 진정한 기쁨은 의무를 다하는 데서 비롯된다. 의무를 다할 때 만족감을 느낄 수 있다. 의무를 다한 사람은 결코 후회하거나 실망하지 않는다. 자신이 처한 위치에서 각자 맡은 의무를 다해야 한다.

의무감은 삶의 버팀목 역할을 하나, 쓰러지지 않도록 지탱해주며 사람을 강하게 만든다. 의무감이 없으면 시련이나 유혹이 닥치는 순간 흔들리게 되고 결국에는 쓰러지게 된다. 반면 의무감으로 무장하고 있으면 나약한 사람도 강해질 수 있고 용기를 발휘할 수 있다.

의무는 옳은 일을 행하게 하는 원천이다. 의무감이 강한 사람은 무엇보다 말과 행동이 진실하다. 옳은 것을 옳은 방법으로 옳은 시기에 말하고 행한다.

의무에는 인간에 대한 의무, 인류에 대한 의무, 국가에 대한 의무, 사회에 대한 의무, 가족에 대한 의무, 이웃에 대한 의무, 윗사람에 대한 의무, 아랫사람에 대한 의무 등이 있다. 이러한 의무는 공적인 의무와 사적인 의무로 나누어 볼 수 있다.

공적인 의무는 규정되어 강제되어 있으나 사적 의무는 규정되어 있지 않고 자의적인 판단에 따르다 보니 겉으로 드러나지 않고 당사자 외는 쉽게 알지 못한다. 따라서 올바른 의무 이행으로 고결한 인격의 소유자가 되느냐, 무가치한 사람이 되느냐는 자신이 처한 상황과 위치에서 양심에 거리낌 없이 스스로 의무를 다하느냐에 달려 있다.

자신에 대한 책임 : 성실

크라이슬러의 노력

• 크라이슬러가 청년에게 한 충고의 내용은 무엇일까?

프리츠 크라이슬러는 젊은 시절 군인이 되어 장교로 복무했지만, 제1차 세계 대전 때 부상으로 전역하게 되었고, 어린 시절 배웠던 바

프리츠 크라이슬러
(Fritz Kreisler,
1875~1962)
오스트리아 출생의 미국
바이올린 연주자, 작곡가.
〈사랑의 기쁨〉〈사랑의 슬
픔〉〈빈 기상곡〉 등 작곡.

이올린을 다시 잡았다. 그리고 바이올린 연주에 심혈을 기울여 명성을 날렸다.
어느 날 한 젊은 음악도가 그에게 말했다. "선생님. 정말로 감동적인 연주였습니다. 만일 제가 선생님처럼 연주할 수 있다면 부모님에게 물려받은 막대한 재산을 기꺼이 포기해도 아깝지 않겠습니다."
그러자 프리츠 크라이슬러가 대답했다. "오늘의 연주는 지금까지 나 자신을 바친 결과지요. 당신이 음악을 위해 자신을 바쳤는지 스스로 물어보아야 한다는 사실을 잊지 않기 바랍니다."

위대한 결실은 단순한 노력만으로 얻을 수 있는 것이 아니다. 자신을 바치는 헌신과 피나는 노력이 서려 있기 마련이다. 노력의 효과는 언젠가는 어떠한 형식으로든지 거두어진다. 최선을 다해 노력하지 않고서는 인생에서 결실을 맺을 수 없다.

어떤 일을 하는 것이 중요한 것이 아니라 그 일을 어떠한 방식으로 얼마나 열심히 하느냐가 중요하다. 지금 자신이 하는 일이 어떻게 쓰일 것인지가 아니라 어떠한 자세로 일하고 있는지, 성실한 태도가 중요하다. 매 순간을 성실한 자세로 최선을 다해야 한다. 매일 매일 잠들기 전에 하루의 일과를 돌아보면서 최선을 다해 만족스럽다고 스스로 칭찬할 수 있는 삶을 살아야 한다. 그렇게 하다 보면 꿈을 향한 길이 보일 것이다.

사회에 대한 책임 : 질서 준수

공동체 질서 유지를 위한 방법은 각자 스스로 양심에 의해 자율적으로 질서를 지키는 것이 가장 이상적이며 바람직하다. 하지만 현대 사회에서의 복잡다단함과 개인주의와 이기주의로 인하여 단순히 양심에만 의지해서는 질서 유지에 한계가 있으므로 이

틀 모완하기 위해 맙, 넝덩 등 상세 규뮙이 있다.

이기심과 편의주의, 빨리빨리 문화는 결과지상주의를 낳아 엄청난 문제를 일으킨다. 조그마한 질서를 지키지 않은 것이 대형사고와 사건으로 연결되어 생명과 재산을 잃기도 하고 불법이나 탈법을 저질러 평생 지울 수 없는 수치와 삶의 나락으로 떨어지므로 질서와 법을 지키는 것은 결국 자신을 위한 것이다. 잠시의 안락함이나 사리사욕을 위해 질서를 지키지 않거나 불법 행위를 해서는 안 된다. 결과보다 과정을 중시하는 건전한 도덕성과 준법정신을 갖추고 법과 질서를 지켜야 한다.

자연에 대한 책임 : 환경보호

🎤 아라파오 인디언 격언

> 우리가 다른 생명체들을 존중하면, 그들도 우리를 존중해 준다.

🎤 40년간 지켜온 섬

• 자다브는 어떤 마음으로 환경 운동을 했을까?

> 인도에서는 우기 때마다 홍수로 큰 피해가 발생하자 브라마푸트라 강에 커다란 댐을 건설했다. 서른다섯 개가 넘는 마을이 수몰되어 사라졌고, 강 가운데 마줄리 섬도 점차 침수되어 사라질 위기에 처했다. 마줄리 섬은 바다가 아닌 강에 형성된 섬으로는 세계에서 가장 큰 섬이다. 이 섬을 지키기 위해 인도 정부도 노력하고 있지만 실질적으로 마줄리 섬을 지키고 있는 사람은 한 명의 환경 운동가이다.
>
> 1979년 당시 16세 소년이었던 '자다브 파양'은 홍수로 많은 나무가 쓸려가 버린 마줄리 섬에서, 나무 그늘이 없어 햇빛에 타죽은 수많은 뱀을 보고 섬을 지키고자 결심한다. 그리고 자다브는 섬에 나무를

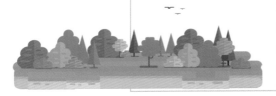

심었다. 그의 나무 심기는 무려 40년이나 계속되었고 그동안 마줄리 섬에는 울창한 숲이 조성되었다.

자다브 덕분에 현재 마줄리 섬은 벵골호랑이, 인도코뿔소, 인도코끼리 등 수많은 야생동물의 서식지가 되었다. 마줄리 섬은 여전히 침수될 위기에 처해 있지만, 자다브는 그동안 해온 것처럼 앞으로도 섬을 지켜나가겠다고 한다.

자연은 보호하고 가꿀 때 아름답고 안전하기 마련이다. 하지만 인간의 욕심으로 인해 무분별하게 훼손되곤 한다. 인간은 자연의 많은 것을 망칠 수 있지만, 반대로 자연의 많은 것을 회복시킬 능력도 있기에 지금의 이익보다는 먼 미래를 생각해서 올바르게 사용되어야 한다.

지구 위에 사는 수십억의 인간이 각각 환경에 상당 부분 영향을 미치고 있다. 환경오염과 파괴를 완전히 막는다는 것은 어렵기 때문에 어느 정도의 환경오염과 파괴는 어쩔 수 없는 것이라 해도 우리가 할 일은 환경 파괴의 규모를 최대한 줄여 이상적인 환경이 지속 가능하게 만드는 것이다. '나 하나쯤이야.' '그런 건 해서 뭐해'라고 생각해서는 안 된다. 환경 문제에 더욱 많은 관심을 기울이고 각자가 환경 파괴를 최소화하기 위해 생활 속에 작은 실천을 해야 한다.

가능한 한 재활용하고 친환경 제품을 사용하는 것이 좋다. 에너지를 낭비하지는 않는지, 재활용할 수 있는 물품을 마구 버리지는 않는지, 자신이 운전하는 자동차가 지나치게 매연을 발생하지는 않는지, 합성세제나 일회용 제품을 과다하게 사용하지는 않는지, 폐수를 지정된 방법이 아니라 함부로 버리고 있는지 등을 살피고 환경 보호에 도움이 되도록 생활방식을 개선해야 한다.

노블레스 오블리주(Noblesse Oblige)

'노블레스 오블리주'는 사회적으로 가진 자, 누리는 자들에게 더 많은 도덕적 의무를 요구하는 용어로 한 사회의 상층부가 솔선수범하는 것을 말한다. 프랑스어에서 파생한 이 말은 '고귀한 신분에 따른 윤리적 의무'를 뜻한다.

우리 사회는 지난 반세기 동안 급속한 산업화의 결과로 상층 집단인 엘리트 층이 형성되어 왔다. 하지만 '오블리주 없는 노블레스', 즉 의무를 망각 한 사람들이 많다. 존재의 고귀함보다 권력이나 재산 등 소유물을 추구한다. 인간의 가치가 오직 소유물로 평가되는 사회에서 자 기 성찰과 의무의 상실은 당연 한 귀결이다.

존재의 고귀함을 추구하지 않는 사회, 자신의 사회 문화적 소양을 높이기 위해 긴장하지 않는 사회, 자기 성숙과 의무를 다하기 위해 노력하지 않는 사회, 이런 사회에서는 노블레스 오블리주는 요원하 다. 이런 분위기에서 최근 기부 활동을 포함해 엘리트 집단 일부에서 부의 사회적 환원 이 점차 늘어나고 사회적 책임에 대한 관심이 높아지고 있는 것은 주목할 만하다. 더욱 이 소박한 자선 행위를 넘어서서 재단 창립과 기부 문화 정착 등으로 제도화되어 가고 있는 점은 바람직한 현상이다.

어느 사회든 엘리트층은 양성되고 형성된다. 문제는 그들에게 엘리트가 지녀야 할 능 력과 사회적 책임 의식을 가지고 있는가 하는 점이다. 시민의 비판과 견제를 수용한 엘 리트들이 그에 상응하는 능력과 사회적 책임 의식을 보여줄 때, 노블레스 오블리주는 가능한 것이며 그에 상응하는 사회적 위상이 주어질 것이다.

현대 사회에서의 엘리트인 지식인은 시대적 상황에 대한 전문적인 지식을 가지고 인간 이 추구해야 할 가치와 사회가 나아갈 방향을 제시해야 한다. 특히 지식인의 사회적 역 할로서 실천적 영역에서 이바지해야 한다. 현대 사회에서 진정한 지식인이 되기란 쉽지 않다. 왜냐하면, 사회가 급변하고 갖가지 모순이 복합적으로 뒤엉켜져 있으며 가치관의 굴절마저 일어나기 때문이다. 이런 상황 속에서 현대 사회의 바람직한 지식인은 시대에 대한 통찰력을 갖고 주어진 상황을 정확히 진단해야 한다. 그리하여 동시대인에게 나아 가야 할 올바른 방향을 제시해야 하며 이것이 시대가 요구하는 의무이다.

◉ 인간은 공동체의 일원으로서 책임감을 가지는 것은 당연하다.

◉ 각자가 책임을 다할 때 나와 다른 사람과 공동체가 함께 발전한다.

◉ 책임감은 개인이나 공동체의 행복을 위한 출발점이다.

◉ 솔선수범은 특히 앞장서는 사람에게 가장 필요한 덕목이다.

◉ 권한을 행사하기보다는 솔선수범하고 책임지는 자세를 취해야 한다.

◉ 의무는 마땅히 해야 하는 일로서 스스로를 헌신하는 것이다.

◉ 자신이 처한 위치에서 각자 맡은 의무를 다해야 한다.

◉ 의무감은 삶의 버팀목 역할을 한다.

◉ 의무는 옳은 일을 행하게 하는 원천이다.

◉ 의무는 공적인 의무와 사적인 의무로 나누어 볼 수 있다.

◉ 노력의 효과는 언젠가는 어떠한 형식으로든지 거두어진다.

◉ 일을 할 때에는 성실한 자세로 최선을 다해야 한다.

◉ 자율적으로 질서를 지키는 것이 가장 이상적이며 바람직하다.

◉ 자율적 질서 유지에 한계가 있으므로 법, 명령 등 강제 규범이 있다.

◉ 잠시의 안락함이나 사리사욕을 위해 질서를 지키지 않거나 불법 행위를 해서는 안 된다.

◉ 건전한 도덕성과 준법정신을 갖추고 법과 질서를 지켜야 한다.

◉ 환경 파괴를 최소화하기 위해 생활 속에 작은 실천을 해야 한다.

◉ 환경 보호에 도움이 되도록 생활방식을 개선해야 한다.

확인하기

1 내가 생각하는 '책임을 다하는 생활'이란 무엇인가요?

------

2 개인이 책임을 다하지 않아 공동체에 큰 충격을 준 사건을 예로 들어보세요.

------

3 의무감은 어떻게 삶의 버팀목 역할을 하나요.

------

4 문장을 읽고 O·X를 표시 하세요.

어떤 일을 하는 것이 중요한 것이 아니라 그 일을 어떠한 방식으로 얼마나 열심히 하느냐가 중요하다. (   )

5 내가 실천해야 할 가정, 학교, 이웃에 대한 책임을 적어 보세요.

------

5 존중

📖 학습목표 • 인권 존중, 자기 존중, 타인 존중, 상호 존중을 이해할 수 있다.
• 존중을 바탕으로 한 인간관계를 설명할 수 있다.

✗ 인권의 의미와 인권 존중을 위한 노력

사람은 태어남과 동시에 마땅히 누리고 보장 받을 권리인 인권을 부여받는다. 인권은 인종, 성별, 사회적 지위, 재산 등에 상관없이 누구나 동등하게 누려야 한다는 점에서 보편적인 성격을 지닌 권리이다. 이러한 인권은 어느 시대, 어느 장소에서나 추구해야 할 권리이다. 인간의 존엄성이 보장될 때 인간은 삶의 주체로서 인간다운 삶을 살아갈 수 있다. 이처럼 인권은 단순한 권리가 아닌 '사람답게 살 권리'를 의미한다.

그러나 당연히 보장받아야 할 인권이 침해되는 사례를 역사적으로 많이 보아왔다. 과거 서구 사회에서 백인이 흑인을 차별한 경우가 대표적인 예이다. 오늘날에도 자신보다 사회적 지위가 낮은 사람에게 부당하게 대우하는 일이 벌어지고 있다. 이처럼 부당한 권력과 사회적 차별에 맞서 인권을 지키고 인권이 존중되는 사회가 만들어지는 것은 긴 시간 동안 노력과 희생의 결과이다. 마틴 루터 킹 목사는 흑인 인권 운동을 벌이다가 암살당하기도 했다.

이와 같은 구조적이고 커다란 인권 침해도 있지만 우리가 의식하지 못하는 경우에도 인권 침해가 다반사로 일어나고 있다. 무심코 친구가 싫어하는 별명을 부르거나 욕설을 하고 폭행을 하는 것 역시 상대방의 인권을 침해하는 행동이다.

인간은 인간으로서 언제나 인격을 존중받으며 인간다운 삶을 살아가야 한다. 어떤 상황이나 처지에 있다고 하더라고 다른 사람들이나 사회로부터 차별을 받아서는 안 된다. 인간이 도덕적 행위의 주체로서 판단할 수 있는 능력과 자율적 의지를 인정받아야 한다.

 마틴 루터 킹의 인권 운동

- 연설을 읽어보고 느낌을 말해 보자.

마틴 루터 킹(Martin Luther King, 1929~1968)
미국 흑인 목사. 흑인들을 위한 인권 운동가. 1964년 노벨평화상 수상.

> 마틴 루터 킹이 1963년 8월 28일 워싱턴 링컨 기념관 앞에서 열린 인종차별 반대 집회에서 행한 "나에게는 꿈이 있습니다"라는 명연설 내용이다.
>
> [전략]
> 나에게는 꿈이 있습니다. 언젠가는 이 나라가 일어나 다음과 같은 신조의 참 뜻을 실현할 것이라는 꿈이 있습니다. "모든 인간이 평등하게 창조되었다는 것을 우리는 자명한 진리로 여긴다"라는 신조 말입니다.
> 나에게는 꿈이 있습니다, 언젠가 조지아의 붉은 언덕 위에, 예전의 농장 노예의 자식들과 농장 주인의 자식들이 형제애로서 함께 식탁에 앉을 수 있는 꿈입니다.
> 나에게는 꿈이 있습니다. 언젠가는 학대와 불공평의 열기의 무더움으로 황폐한 미시시피주조차도 자유와 평등의 오아시스로 변화될 것이라는 꿈입니다.
> 나에게는 꿈이 있습니다. 언젠가는 나의 네 자녀가 이 나라에 살면서 피부색으로 평가되지 않고 인격의 내용으로 평가받게 되는 날이 오는 꿈입니다.
> 오늘 나에게는 꿈이 있습니다. 언젠가는 앨라배마 주지사 입에서 주권우위설과 연방법의 시행 무효화 선언으로 흑인과 백인 어린아이들이 함께 손을 잡고 형제자매처럼 함께 걸을 수 있는 날이 오는 꿈입니다.
> [후략]

자기 존중인 자긍심

자기 존중인 자긍심은 자신의 특성에 대해 긍정적인 가치를 가지는 것으로 자신을 믿고 사랑하는 것이다. 자긍심은 자신을 움직이게 하는 원동력이다. 내연기관 엔진은 가솔린에 의해, 사람은 자긍심에 의해 움직인다. 자긍심이 가득 차 있으면 움직임이 오랫동안 가지만, 반만 차 있으면 움직이는 것이 시원치 않고, 비어있다면 곧 멈추고 말 것이다.

자기 사랑은 모든 깊은 사랑의 첫걸음이다. 자신을 믿고 자신과 사랑에 빠져야 한다. 자신을 사랑하지 못하면서, 어떻게 타인을 사랑할 수 있겠는가? 자신과 사랑에 빠질 수 없다면 타인과 사랑에 빠질 수 없고 누구와 함께 있어도 즐거움을 느낄 수 없다. 자신을 싸구려 취급하면 타인에게서도 싸구려 취급을 받는다.

자기 사랑은 무턱대고 할 수 있는 일이 결코 아니다. 자기가 보기에도 능히 사랑할 수 있는 사람이 되어야 가능하다. 끊임없는 자기 관찰과 자기 계발이 선행되어야 진정한 의미의 자기 사랑에 흠뻑 빠질 수가 있다. 과연 스스로 사랑할 수 있는 사람인지 거울 앞에 서 보라. 사랑할 만한 몸이며 얼굴이며 눈빛이며 지적인지 살펴보라.

실패하는 사람들 대부분은 자신의 능력을 잘못 판단하고 자신의 중요성과 가치를 경시하는 경향이 있다. 자신이 어떤 면에서 뛰어난지를 알아야 한다. 자신이 가진 재능을 알게 되면 이를 더욱 육성하고 보완해야 한다. 탁월한 사람은 자신의 재능을 알고 이를 충분히 발휘하고 있는 것이다. 많은 사람은 자신의 능력을 방치하여 재능을 살리지 못한다. 나는 어떤 능력을 발휘할 수 있는지 생각해 보아야 한다.

🎏 타인 존중

🎙 ≪걸리버 여행기≫ 중에서

• ≪걸리버 여행기≫를 읽어 보고 주제가 무엇인지 알아보자.

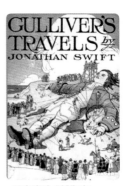

영국 소설가 조나단 스위프트((Jonathan Swift, 1667~1745)가 쓴 풍자 소설 ≪걸리버 여행기≫에 등장하는 소인국 릴리퍼트 사람들과 블레푸스크 사람들은 삶은 달걀 껍데기를 깨는 순서가 다르다는 이유로 전쟁을 벌인다.

≪걸리버 여행기≫
1726년에 출간된 풍자 소설

지금 우리 사회에도 이화 같이 사소한 차이를 인정하지 않고 다툼을 벌이는 일이 비일비재하다. 타인 존중은 상대방이 나와 다르다는 것을 이해하고 배려하는 것이다. 상대방의 개성이나 지식, 경험을 존중함으로써 타인에 대해 올바르게 배려할 수 있고 참된 교류와 소통이 가능해진다.

이와 같이 서로의 가치를 알아보고 서로에 대한 존중의 바탕에서 상호 존중이 이루어진다. 상호 존중하는 사회에서는 서로 다른 식견이나 경험, 문화들이 공존한다. 다양성이 인정되면서 불필요한 갈등과 분쟁이 상당부분 해소되면 조화로운 공동체가 된다. 상호 존중은 공동체 발전을 위한 필수 요건이다.

🎏 존중 표현

존중의 표현은 정중한 인사로부터 느낄 수 있다. 감사하는 말이나 스킨십으로 존중의 뜻을 표현할 수 있다. 존중 표현은 자신에 대한 것에서 비롯된다.

존중하는 표현 방법으로는 나에게 "잘했어, 수고했어, 정말 대

단해" 등 칭찬과 격려하는 한 마디에서부터 시작해 가족의 수고에 감사하는 말과 마음을 표현하는 스킨십, 친구와 눈을 마주치며 우정을 표현하는 등 많은 방법이 있다.

※ 존중하는 인간관계

소를 잘 부리는 사람을 보면 소와 호흡이 맞아 사람도 소도 힘들지 않게 논밭을 간다. 마치 유희를 하듯 어떤 대목에서 속삭이듯 소에게 이야기하고 소도 유연하게 방향을 바꾸어 물이 갈라지듯 흙덩이가 곡선을 그으며 넘어간다. 인간관계도 마음이 맞지 않으면 서로에게 상처를 입히지만 마음이 맞으면 어떤 어려운 일도 함께 도모하여 성공시킨다.

인간관계는 춤을 추듯 리듬을 타고 상대를 배려해야 한다. 상대방의 스텝에 자신을 맞추어야 원활하게 잘 이루어진다. 상대방에 대한 존중과 배려로 좋은 인간관계를 만들고 유지하고 발전시켜야 한다.

인간관계를 깨트리는 요소는 비판과 경멸, 변명과 책임회피이다. 인간관계가 좋지 않다면 스스로에게 물어보라. 비판을 많이 하고 자주 비웃거나 경멸하는 태도는 없는지, 변명으로 일관하거나, 책임을 회피하는지 살펴보라. 타인의 장점보다 단점이 먼저 보이면 인간관계에서 실패하기 쉽다. 타인의 장점을 먼저 보는 연습은 좋은 인간관계의 씨앗이다.

'잘 깨짐'과 '취급 주의'

• 포장 천에 새겨진 글귀는 인간관계에 대해 어떤 교훈을 주고 있을까?

　　어느 날, 고흐가 창가에 앉아 지나가는 사람들을 보고 있는데, 한 사람이 물건을 포장하는 천으로 만든 옷을 입고 있는 게 보였다. 그 사람의 가슴에는 포장용 천의 흔적이 뚜렷이 남아 있었는데 바로 천에 새겨진 글자였다. 'Breakable(잘 깨짐).' 그 단어를 보고 고흐는 깨달았다. '아하! 사람은 깨지기 쉬운 존재로구나!'

　　그리고 그 사람이 걸어가는 뒷모습을 보았는데 등에도 포장지 천의 흔적이 있는 글씨가 새겨져 있었다. 'Be Careful(취급 주의).' 이를 보고 다시 한 번 깨달았다. '맞아, 사람은 조심스럽게 다뤄야 하는 거야!'

유리잔은 깨지기 쉬운 물건이다. 한 번 깨진 유리잔은 쓸 수가 없으며 깨진 유리 조각은 사람을 다치게도 한다. 어쩌면 사람의 마음은 유리잔보다도 더 약한지도 모른다. 예절에 벗어난 조그마한 행동이나 서운한 말 한마디에도 상처를 입고 마음이 무너져 내린다. 상처 입은 마음은 깨진 유리 조각처럼 가까이 있는 사람들에게 상처를 준다. 한 번 놓치면 떨어져서 깨지는 유리잔처럼 평소에 예절을 발휘하면서 조심하지 않으면 깨지기 쉬운 것이 인간관계이다.

고흐(Gogh, 1853~1890)
네덜란드의 인상파 화가. 강렬한 색채와 격렬한 필치를 사용하여 독자적인 화풍을 확립. 879점의 그림을 남겼으며 생전에 팔린 그림은 단 1점이었음.

노자의 ≪도덕경≫에 나타난 인간관계론

첫째, 진실함이 없는 아름다운 말을 늘어놓지 말라. 남의 비위를 맞추거나 사람을 추켜세우거나 머지않아 밝혀질 사실을 감언이설로 회유하면서 재주로 인생을 살아가려는 사람이 너무나 많다. 그러나 언젠가는 신뢰받지 못하여 사람 위에 설 수 없게 된다.

둘째, 말 많음을 삼가라. 말이 없는 편이 좋다. 말없이 성의를 보이는 것이 오히려 신뢰를 갖게 한다. 말보다 태도로서 나타내 보여야 한다.

셋째, 아는 체하지 말라. 아무리 많이 알고 있더라도 너무 아는 체하기보다는 잠자코 있는 편이 낫다. 지혜 있는 자는 지식이 있더라도 이를 남에게 나타내려 하지 않는 법이다.

넷째, 돈에 너무 집착하지 말라. 돈은 인생의 윤활유로서 필요한 것임에 틀림이 없다. 그러나 돈에 집착한 채 돈의 노예가 되는 것은 안타까운 노릇이다.

다섯째, 다투지 말라. 남과 다툰다는 것은 손해다. 어떠한 일에나 유연하게 대처해야 한다. 자기의 주장을 밀고 나가려는 사람은 이익보다 손해를 많이 본다. 다투어서 적을 만들기 때문이다. 아무리 머리가 좋고 재능이 있어도 인간관계가 좋지 않아서 실패하는 사람도 많다. 좋은 인간관계는 인생의 윤활유이자 처세의 기본이기도 하다

노자(老子, 기원전 6세기경)
중국 제자백가 가운데 하나인 도가(道家)의 창시자.

≪도덕경道德經≫
기원전 4세기경에 중국 도가 철학의 시조인 노자(老子)가 지었다고 전해지는 도가의 대표적인 경전. 상편 37장의 내용을 <도경道經>, 하편 44장의 내용을 <덕경德經>이라고 함.

• 노자가 인간관계에서 강조한 내용은 무엇인가?

정리하기

◉ 인권은 단순한 권리가 아닌 '사람답게 살 권리'를 의미한다.

◉ 인간은 인간으로서 언제나 인격을 존중받으며 인간다운 삶을 살아가야 한다.

◉ 자기 존중인 자긍심은 자신을 믿고 사랑하는 것이다.

◉ 자긍심은 자신을 움직이게 하는 원동력이다.

◉ 자신을 믿고 자신과 사랑에 빠져야 한다.

◉ 자기 사랑은 자기가 보기에도 능히 사랑할 수 있는 사람이 되어야 가능하다.

◉ 나는 어떤 능력을 발휘할 수 있는지 생각해 보아야 한다.

◉ 타인 존중은 상대방이 나와 다르다는 것을 이해하고 배려하는 것이다.

◉ 서로에 대한 존중의 바탕에서 상호 존중이 이루어진다.

◉ 상호 존중하는 사회에서는 서로 다른 식견이나 경험, 문화들이 공존한다.

◉ 다양성이 인정되면서 분쟁이 적어지면 조화로운 공동체가 된다.

◉ 존중의 표현은 정중한 인사로부터 느낄 수 있다.

◉ 인간관계는 춤을 추듯 리듬을 타고 상대를 배려해야 한다.

◉ 타인의 장점을 먼저 보는 연습은 좋은 인간관계의 씨앗이다.

◉ 평소에 예절을 발휘하면서 조심하지 않으면 깨지는 것이 인간관계이다.

 확인하기

1 인권 존중을 위해서 어떤 노력을 기울여야 한다고 생각하는지 서술하시오.

....

2 다음 글을 읽고 친구에게 어떻게 해야 할지 적어 보세요.

친구가 내가 싫어하는 별명을 부르고 욕설을 하고 폭행을 하는 등 나의 인권을 침해하는
행동을 한다.

....

3 어떻게 하는 것이 나를 소중히 여기는 것인지 적어 보세요.

....

4 자긍심이 왜 필요한지 서술하시오.

....

5 내가 가족, 선생님, 친구를 존중하는 어떤 행동을 하고 있는지 적어 보세요.

가족 : ....

선생님 : ....

친구 : ....

6 별지에 고마웠던 친구에게 감사의 편지를 써 보세요.

6 배려

📖 학습목표　• 현대 사회에서 배려가 필요한 이유와 배려의 내용을 이해할 수 있다.
　　　　　　• 배려의 형태인 나눔, 이타심, 친절, 용서의 의미와 내용을 인식할 수 있다.

✱ 배려가 필요한 사회

'인간은 사회적 동물이다'라는 정의에서 보듯이 인간은 혼자서 살 수 없는 존재이다. 인간은 홀로 존재하는 것이 아니라 공동체에서 타인과 관계를 맺으며 살아간다. 이처럼 공동체에서 서로 배려하지 않고는 개인적 삶이든 공동체 삶이든 행복할 수 없다. 그러므로 우리는 서로 배려하면서 살아가야 한다.

개인주의가 팽배한 현대사회에서 타인에 대한 진정한 배려가 매우 부족한 곳이 현실이다. 더구나 컴퓨터나 모바일 기술의 발달로 서로 얼굴을 보지 않고 일을 하는 비대면 사회가 됨에 따라 인간에 대한 배려심 발휘의 기회가 점점 줄어들고 있다. 하지만 그럴수록 인간관계에서 배려심을 발휘하기 위해 적극적인 노력을 기울여야 한다.

인간관계에 있어서 사소한 배려심 부족이 서로에게 큰 상처를 남길 수 있다. 온라인에서의 악성 댓글, 왕따, 지나친 장난, 층간 소음에 의한 다툼 등은 배려의 상실이나 부족에 기인하는 것들이다.

타인에 대한 작은 배려가 더 큰 배려, 또 다른 배려를 낳아 아름다운 공동체를 만들어 간다. 배려는 한쪽에서 하는 일방적인 것이 아니라 서로 주고받는 것이 바람직한 자세이다. 배려하는 사람은 배려 받는 사람의 마음을 잘 헤아려야 하며, 배려 받는 사람은 배려하는 사람에 대해 감사함을 표현할 때 아름다운 배려가 될 수 있다.

 인격 1등

• 항상 2등 하던 학생의 행동을 어떻게 보아야 할까?

영국 어느 대학에서 1등, 2등을 다투는 학생 둘이 있었는데 근소한 차이로 1등 하는 학생은 항상 1등만 했다. 2등 하는 학생은 꼭 1등을 하고 싶었다.

어느 날 1등만 하던 학생이 교통사고를 당해 학교에 오랜 기간 결석하였다. 주변 학생들은 2등만 하던 학생에게 "이제는 네가 1등을 하겠구나"라고 말했다.

오랫동안 결석을 한 1등을 하던 학생이 출석하고 며칠 뒤 시험을 치렀다. 성적을 발표하는 날, 결과는 1등을 하던 학생이 또 1등을 했다.

1등을 한 학생이 일어나서 말을 했다. "내가 병원에 입원해 있을 때 항상 나 때문에 2등을 한 친구가 꽃다발을 사가지고 와서 위로해 주었고 학교 수업 필기 노트를 가져와서 나에게 가르쳐 주었어. 내가 입원해 있어도 친구 덕분에 공부를 할 수 있었기에 또 1등을 한 것 같아. 나는 성적으로는 1등을 했지만 인격적으로는 그 친구가 1등이야."

승리 지상주의, 일등 우선주의 풍토에서 일등할 기회가 있음에도 불구하고 깊은 배려심을 발휘하여 양보한다는 건 쉬운 일이 아니다. 아름다운 양보는 더욱 빛나는 배려로 승화된다.

🎤 낡은 예복

• 관객들이 겉옷을 벗고 셔츠 차림으로 오케스트라 연주를 관람한
이유는 무엇일까?

> 음악회에서 한 오케스트라 지휘자는 형편이 좋지 않아 낡은 예복을
> 입고 지휘했는데 도중에 낡은 예복이 찢어지고 말았다. 지휘할 때는
> 예복을 입어야 하지만 한 곡이 끝나자마자 찢어진 예복을 벗을 수밖
> 에 없었다.
> 셔츠 차림의 지휘자를 향해 관객들은 수군거렸다. 지휘자는 흔들림
> 없이 차분하게 지휘했다. 그때 관객석 맨 앞의 관객이 일어나 겉옷을
> 벗고 셔츠 차림으로 앉았다. 관객들은 정적이 흐른 듯 조용해졌다.
> 하나둘 겉옷을 벗고 셔츠 차림으로 오케스트라 연주를 관람했다.
> 지휘자와 관객이 서로를 배려하고 존중한 감격스럽고 성공적인 공연
> 이 되었다.

약점이나 허물을 감싸주는 것은 따뜻한 마음에서 우러나는 배
려이다. 곤란에 빠진 사람, 힘든 사람을 외면하지 않고 배려하는
세심한 마음을 가지고 있다면 어려운 일이 아니며 충분히 할 수
있는 일이다.

🎏 나눔이라는 아름다운 배려

어려운 처지에 있는 사람을 돕는 것은 아름다운 이타심의 발휘
이다. 사람은 누구나 맹자의 말처럼 어려운 사람을 보면 돕고 싶
은 '측은지심'을 가지고 있지만 이를 실제로 발휘하는 것은 쉽지
않다. 하지만 이기심을 버리고 자신만을 생각하는 것이 아니라
넓은 마음으로 이타심을 발휘한다면 베풂의 행복감과 함께 아름
다운 공동체를 만들 수 있다.

빌 게이츠
(Bill Gates, 1955~)
마이크로소프트를 창립하
여 회장 역임. 세계 최고의
부자로 최대의 자선단체
운영.

다른 사람을 도울 때 인생의 보람을 느끼게 된다. 타인의 삶을 더 낫게 해주거나 그를 존중해 줄 때 좋은 평판을 얻게 된다. 자신을 돕는 좋은 방법은 다른 사람을 돕는 것이다.

 빌 게이츠 어록

> 항상 먼저 다가가고, 먼저 배려하고, 먼저 이해하십시오. 주는 만큼 받아야 한다고 생각하지 마십시오. 아낌없이 주는 나무가 돼야 합니다.

 셸 실버스타인 ≪아낌없이 주는 나무≫ 중에서

• 책의 내용에서 나타내고자 하는 것은 무엇일까?

≪아낌없이 주는 나무≫
(원제: The Giving Tree)
1964년 출간

> 어느 곳에 나무와 친구인 소년이 있었다. 나무와 소년은 언제나 즐겁게 함께 놀았다. 소년은 자라나서 나무에게 돈이 필요하다고 했다. 나무는 자신의 열매를 가져가라고 했다. 소년은 나무의 열매를 가져가 팔아 돈을 얻었다.
>
> 소년은 더 자라서 어른이 되자 결혼을 하려면 집이 필요하다고 말했다. 나무는 자신의 가지를 베어가서 집을 지으라고 했다. 어른이 된 소년은 나무의 가지를 모두 가져가서 집을 지었다.
>
> 또 더 나이가 든 소년이 찾아와 너무나 슬퍼서 어디론가 멀리 가고 싶다고 했다. 나무는 자신의 몸통을 베어가서 배를 만들라고 했다. 어른이 된 소년은 나무의 몸통을 베어가서 배를 만들어 멀리 떠났다.
>
> 더 오랜 시간이 지나 소년은 이제는 노인이 되어 돌아왔다. 그리고 나무에게 피곤해서 쉴 곳이 필요하다고 말했다. 나무는 그루터기에 앉으라고 말했다. 노인은 그루터기에 앉았다. 나무는 처음부터 끝까지 행복했다.

나눔에는 때로는 조건 없는 나눔이 필요한 경우가 있다. 대가를 바라지 않고 어떻게 하면 더 많이 줄 수 있는지를 생각하고 실행하면 물질적인 보상이 아니더라도 나에게 돌아오는 행복감 등 많은 행운을 맛볼 수 있다. 남을 이롭게 하는 것이 나를 이롭게 하는 지름길이다.

🎤 연쇄적인 나눔의 결과

• 청년의 나눔 과정과 그 결과를 살펴보자.

미국이 경제공황 때 많은 사람이 일자리를 찾아 헤맸으나 취업을 하지 못해 궁핍을 벗어나지 못했다. 한 청년이 일자리를 찾으러 다니면서 주머니에 있던 돈 전부로 한 끼를 때우려고 빵 한 덩어리를 샀다.

집으로 돌아가던 청년은 구걸하는 노인을 보고 측은한 마음이 들어 빵을 반이나 잘라 주었다. 청년은 노인이 빵을 허겁지겁 먹을 줄 알았는데, 옆에 있던 구두닦이 소년에게 받은 빵의 반을 주었다. 오랫동안 굶은 듯 마른 구두닦이 소년은 노인과 청년에게 감사 인사를 하고 먹으려고 하고 있는데 빵 냄새를 맡은 강아지 한 마리가 달려와 소년의 다리에 매달려 낑낑거렸다. 잠시 고민하던 소년은 자신이 받은 빵의 반을 잘라 강아지에게 주었다.

빵 맛을 본 강아지는 이제 가장 큰 빵을 들고 있는 청년에게 달려와 다시 낑낑거렸다. 청년은 남은 빵을 조금 떼어 강아지에게 나눠주고 있던 중에 개목걸이에서 강아지 주인의 주소를 발견했다. 청년은 강아지를 안고 개 주인을 찾아갔다.

대기업 경영자인 개 주인은 잃어버린 강아지를 찾아 기뻐하면서 청년에게 사례금을 주고 이렇게 심성이 좋은 사람이라면 함께 일하고 싶다며 일자리까지 마련해 주었다.

톨스토이(Tolstoy, 1828~1910)
러시아의 소설가. 사상가. 저서로 ≪전쟁과 평화≫ ≪부활≫ ≪안나 카레니나≫ 등이 있음.

 톨스토이 ≪인생론≫ 중에서

> 끊임없이 서로 봉사하는 모습, 이 상호간의 봉사 없이는 세계의 존재도 무의미한 것이다. 모든 사람들이 자신을 사랑하는 것 이상으로 다른 사람들을 사랑할 때 비로소 당신의 행복이 실현된다. 자신의 행복을 위해서가 아닌, 다른 사람의 행복을 위한 생활이 진정한 인생이라 할 수 있다.

🎤 허리를 굽혀 섬기는 자

• 테레사 수녀가 말한 "허리를 굽히고 섬기는 사람은 위를 쳐다볼 시간이 없답니다"를 음미하여 보자.

> 어느 날, 테레사 수녀가 인도의 한 마을에서 다친 아이들의 상처를 지극한 정성으로 치료해주고 있었다. 그때 인근에 살던 이웃 주민이 "수녀님은 돈도 많고 지위도 높은 사람이 편안하게 사는 모습을 보면 부러운 마음이 안 드세요? 이렇게 사시는 것에 만족하십니까" 하고 물었다. 그러자 테레사 수녀가 "허리를 굽히고 섬기는 사람은 위를 쳐다볼 시간이 없답니다"라고 대답했다.
> 거친 손과 터진 발, 주름투성이의 자그마한 할머니 테레사 수녀의 삶이 빛날 수 있었던 것은 아무런 대가 없이 기꺼이 헌신했기 때문이다. 그녀는 평생을 두 벌의 옷과 낡은 신발 한 켤레만 지닌 채 가난하고 의지할 곳 없이 죽어가는 그들과 함께 지냈다.

마더 테레사(Mother Teresa, 1910~1997)
수녀. 1950년 인도 콜카타에서 〈사랑의 선교회〉를 설립하고 빈민과 병자, 고아, 그리고 죽어가는 이들을 위해 헌신함. 1979년 노벨평화상 수상.

　　평생을 가난한 자, 병든 자를 위해 봉사와 사랑을 베푼 삶은 존경과 감동 그 자체이다. 지금도 이러한 정신이 세상 곳곳에 퍼져 진정한 사랑의 가치를 일깨우고 있다.

　　남을 위해 봉사하는 삶을 산다는 것은 결코 쉬운 일이 아니다. 자신의 삶을 어려움에 처한 사람들을 구제하고 구원하는 일에 바친다는 것은 고귀하고 아름다운 삶이다. 다른 생명들의 삶을 좀 더 고귀하고 아름답게 만드는 데 도움 주는 삶은 분명 존경해야 할 가치 있는 삶이다.

배려의 기본인 친절

🎙️ 플라톤 어록

> 다른 사람에게 친절하고 관대한 것이 자기 마음의 평화를 유지하는 길이다. 남을 행복하게 할 수 있는 사람만이 행복을 얻을 수 있다.

플라톤(Platon, BC 428 경~BC 347경)
고대 그리스의 위대한 철학자. 소크라테스의 제자. 아리스토텔레스의 스승.

친절해야 한다고 귀가 따갑도록 듣지만 바쁜 현대 사회에서 친절함은 매우 부족하다. 이러한 상황에서 개인 간에 관계를 도모하고 밝은 사회를 만들기 위해 친절함을 발휘하는 데 앞장서야 한다.

친절은 상대방에 대하여 부드럽고 관대하게 대하는 태도이다. 상냥한 말씨와 성의 있는 행동으로 나타난다. 친절은 상대방에게 봄볕과 같은 따뜻함을 전하는 것이다. 친절은 배려의 기본이다. 아무리 내용적으로 좋은 배려라 할지라고 친절이 빠진 배려는 소용이 없다. 친절한 배려가 진정한 배려이다.

친절을 베풀면 인간관계가 좋아진다. '한 번의 친절은 한 사람을 얻는다'는 말이 있다. 따뜻한 눈빛으로 보내는 친절한 말 한마디와 행동이 좋은 인간관계의 계기가 될 수 있다. 한마디 말과 조그마한 친절 행위가 좋은 인간관계의 실마리가 된다.

친절한 사람은 인격을 갖춘 사람으로서 매사에 친절한 태도를 보이면서 주위로부터 호감과 좋은 평판을 얻는다. 이런 호감과 평판이 자신의 꿈을 실현하는 데 큰 도움이 된다.

사람들은 친절에 친절로 보답하고 자신을 존중하는 사람에게 존중하는 태도를 보인다. 잠깐 스쳐가는 인연이라도 모든 관계는 새로운 기회로 들어가는 입구가 될 수 있다. 아무런 비용이 들지 않고 조그마한 성의를 보이면 가능한 것으로 친절이 몸에 익숙해 있어야 한다.

간디(Gandhi, 1869~1948)
20세기 인도의 위대한 민족주의 지도자. 비폭력주의 제창. 영국의 식민지였던 인도의 독립 주도.

 용서는 커다란 배려

🎤 사랑으로 하는 용서

• 간디가 용서를 빌고 아버지가 용서하는 방법에 대해 어떻게 생각하는가?

간디는 열두 살 때 집에서 처음 동전을 훔치고 형의 팔찌에서 금 한 조각을 훔쳤다. 그런 후 간디는 도둑질했다는 죄책감 때문에 도저히 견딜 수가 없었다. 간디는 오랫동안 고민하다가 다시는 도둑질을 하지 않겠다고 다짐한 후 아버지에게 잘못을 고백하는 편지를 썼다. 깨끗한 자백 없이는 결코 자신의 영혼이 순결해질 수 없다고 생각했기 때문이다.

편지를 다 읽은 아버지의 눈에서 구슬 같은 눈물방울이 흘러내려 편지를 적셨다. 어린 간디의 눈에서도 눈물이 흘러나왔다. 아버지가 흘린 사랑의 눈물방울들이 간디의 양심을 정화했고 그가 지은 죄를 씻어주었다. 간디는 그때의 감격스러운 순간을 이렇게 표현했다.

"사랑을 경험한 사람만이 그것이 어떤 것인지를 알 수 있다. 사랑의 화살을 맞아본 자만이 그 힘을 아는 것이다."

용서는 아름답고 고결한 사랑의 형태이다. 누군가를 용서한다는 건 상대방을 위한 큰 배려이지만 자기 자신에 대한 배려이기도 하다. 연구에 따르면 용서하지 않고 분노에 사로잡혀 있으면 정신적으로나 육체적으로 심각하게 부정적인 영향을 받는다. 용서하는 것은 지나간 일에 대해 놓아버림과 마음에 갖고 있는 불편함을 해소하기 위한 방법 가운데 하나이다.

용서는 자신을 위해 상처를 떨쳐버리는 것이다. 세상과 타인에 대한 원망과 집착을 벗어날 때 홀가분한 것처럼 용서하면 분노가 녹아내리고 상처가 아물어 평온을 되찾는다. 용서는 자신에게 베푸는 은혜이며 사랑이다.

용서는 과거의 상황이 현재를 지배하지 않도록 만든다. 용서를 거부하면 끝없이 과거에 얽매이게 된다. 그 순간 상처받았던 과거에 삶을 통째로 얽어매 놓고는 자신의 존재를 규정하고 갉아먹도록 내버려 둔다. 그 상처를, 그 모욕을 끌어안고 틈만 나면 골몰한다.

맺힌 것을 풀고 자유로워지면 세상 문도 활짝 열린다. 용서는 세상의 모든 존재를 향해 나아갈 수 있게 한다. 맺히고 막힌 관계를 풀고 어깨동무하며 함께 가야 한다. 용서는 인간관계의 아름다운 마무리이다. 용서를 통해 새로운 인간관계가 이루어진다. 용서는 미래를 향한 징검다리이다. 과거를 털어내고 새로운 미래를 향해 건너가라.

친구가 밀레에게 베푼 배려

밀레(Millet, 1814~1875)
프랑스의 사실주의 화가

　프랑스의 세계적인 화가 밀레는 해질녘 농부가 수확을 마치고 신에게 감사의 기도를 하는 〈만종〉를 그렸다. 하지만 밀레가 처음부터 평론가 등 화단으로부터 인정받는 화가는 아니었다. 그림이 팔리지 않아 가난한 생활을 하는 밀레에게 어느 날 친구가 찾아와 말했다. "친구! 드디어 자네의 그림을 사려는 사람이 나타났네."

　밀레는 친구의 말에 기뻐하면서도 의아했다. 지금까지 그림이 한 점도 팔리지 않았는데 갑자기 사겠다는 사람이 나타났다고 하기 때문이다. 밀레가 의아스러운 표정을 짓자 친구가 말했다. "내가 화랑에 자네 그림을 소개했더니 적극적으로 구입 의사를 밝혔어. 더구나 나에게 그림을 선택해서 사 달라고 선금까지 맡겼어." 친구는 이렇게 말하며 밀레에게 300프랑을 건네주었다. 가난에 허덕이던 밀레에게는 소중한 돈이었다. 또 자신의 그림이 인정받을 수 있다는 희망을 안겨주면서 그림 그리기에 몰두했다.

　세월이 지나면서 밀레의 작품은 화단의 호평을 받아 비싼 값에 팔리기 시작하였다. 경제적 여유를 갖게 된 밀레는 친구의 집을 찾아갔다. 그런데 몇 년 전에 친구가 화랑의 부탁이라면서 구입한 자신의 그림이 친구의 거실 벽에 걸려있는 것을 보고 놀랐다.

　밀레는 그제야 친구의 깊은 배려심을 알고 고마움에 눈물을 글썽였다. 가난한 친구의 자존심이 상하지 않도록 화랑이 부탁한 것처럼 하여 자신이 구입해 준 것이었다.

밀레 〈만종〉(1859)

정리하기

◉ 서로 주고받는 것이 바람직한 배려의 자세이다.

◉ 배려하는 사람은 배려 받는 사람의 마음을 잘 헤아려야 하며 배려 받는 사람은 배려하는 사람에 대해 감사함을 표현해야 한다.

◉ 아름다운 양보는 더욱 빛나는 배려로 승화된다.

◉ 상대방의 약점이나 허물을 감싸주는 것은 따뜻한 마음에서 우러나는 배려이다.

◉ 어려운 처지에 있는 사람을 돕는 것은 아름다운 이타심의 발휘이다.

◉ 다른 사람을 도울 때 인생의 보람을 느끼게 된다.

◉ 남을 이롭게 하는 것이 나를 이롭게 하는 지름길이다.

◉ 남을 위해 봉사하는 삶은 고귀하고 아름다운 삶이다.

◉ 친절은 상대방에 대하여 부드럽고 관대하게 대하는 태도이다.

◉ 친절을 베풀면 인간관계가 좋아진다.

◉ 사람들은 친절에 친절로 보답한다.

◉ 친절은 조그마한 성의를 보이면 가능하며, 친절이 몸에 익숙해 있어야 한다.

◉ 용서는 아름답고 고결한 사랑의 형태이다.

◉ 용서한다는 건 상대방을 위한 큰 배려이지만 자기 자신에 대한 배려이기도 하다.

◉ 용서는 자신을 위해 상처를 떨쳐버리는 것이다.

◉ 용서는 과거의 상황이 현재를 지배하지 않도록 만든다.

◉ 용서를 통해 과거를 털어내고 새로운 미래를 향해 나아가야 한다.

1 다음을 읽고 배려의 의미를 서술하시오.

> 영어에서 중요한 문장과 단어이다.
>
> 다섯 단어 : I am proud of you (나는 당신이 자랑스럽습니다)
> 네 단어 : What is your opinion? (당신의 의견은 무엇입니까?)
> 세 단어 : If you please (당신이 즐겁다면)
> 두 단어 : Thank you (감사합니다)
> 한 단어 : You(당신)

2 배려의 관점에서 만약 사람들이 나 혼자만 행복하면 그만이라는 생각으로 살아간 다면 공동체는 어떻게 될지 적어 보세요.

3 내가 봉사 활동을 받는 입장이라면 무엇을 원할지 적어 보세요.

4 빈칸에 적절한 단어를 기입하세요.

(   )은 상대방에게 봄볕과 같은 따뜻함을 전하는 것이다.

용서는 고결하고 아름다운 (   )의 형태이다.

2. 각자 각성 3. 각자 각성 4. 친절, 사랑

정답 1. 모든 문장의 중심에 내(I)가 아닌 당신(You)이 있다. 나보다 먼저 상대를 생각하는 마음이 배려이다.

7 소통

📖 학습목표 • 소통하는 기본자세와 소통하는 방법을 설명할 수 있다.
 • 공감대 형성의 의미를 이해하고 형성 방법을 말할 수 있다.
 • 소통과 공감으로 갈등을 해결하는 방법을 열거할 수 있다.

🔆 삶과 소통

현대 사회는 정보통신기술의 발달로 다양한 애플리케이션과 인공지능(AI)의 개발로 자신의 생각을 드러내고 자신의 이미지를 보여줄 수 있는 플랫폼이 많이 생겨났다. 하지만 역설적으로 *인간 소외 현상이 심화되고 인간관계가 소원해짐에 따라 진정한 소통의 필요성이 더욱 절실해지고 있다.

인간 소외 현상
인간이 본래 지니고 있는 인간성이 상실되어 인간다운 삶을 잃어버리는 현상.

인간은 쉽게 설득 당하지 않는 존재이므로 그만큼 진정한 소통은 어렵다. 설득된 듯이 보이는 경우는, 정말로 마음에서 우러나서 설득된 것이 아니라 설득하는 쪽이 우월적 지위에 있는 경우가 대부분이다. 진정한 소통을 위해서는 갑과 을의 관계를 떠나 상호 마음에서 우러난 소통이 되어야 한다.

소통한다는 것은 서로를 이해하고 공감한다는 것이다. 누군가와 소통하려고 한다면 상대의 입장이 되어보아야 한다. 상호 공감을 위해서는 상대방을 지나치게 설득하려고 하지 말아야 한다.

소통의 능력을 갖추는 것이 매우 중요하다. 삶은 소통의 과정이다. 가정이나 학교에서나 사회에서 자신이 어떤 일을 추진하려고 하는 경우 부모님이나 친구나 선생님이나 직장 상사나 동료들과의 소통을 통해 관철시켜야 한다. 각종 보고와 발표, 회의, 영업 등 온통 소통해야 하는 일들이다. 상대방의 마음을 사로잡는 이야기를 들려주는 스토리텔링 능력을 갖춘 사람이야말로 공감을 끌어낸다.

✖ 소통하는 기본자세

상대방의 마음을 헤아려라
상대방이 자신과는 다른 관점에서 상황을 보고 있어서 의견이 일치하지 않을 수도 있음을 전제해야 한다.

시간을 배분하라
'내가 말하고자 하는 것이 무엇인가?' 생각하는데 1/3을 보내고, '상대방이 말하려는 것이 무엇일까?' 생각하는데 2/3를 보내라.

입장을 들어줘라
상대방의 입장을 들어주고 이해하고 존중해라. 상대방의 관심사를 이해하는 태도는 공감을 불러일으킬 것이다.

질문하라
질문을 하고 열심히 귀를 기울여라. 상대방에게 질문을 해서 그가 답변하는 동안에 좋은 인상을 얻도록 하라.

일단 존중하라
상대방이 직장상사나 고객인 경우에 "말씀은 맞습니다. 이에 덧붙여 약간 다른 말씀을 드려도 괜찮겠습니까?" 하고 일단 존중해 주면서 자신의 의견을 피력하라.

인정하라
칭찬을 통한 인정은 강력한 효과를 발휘한다. 인정받고 싶은 것을 칭찬하는 것이 상대방이 호의를 갖게 하는 최고의 명약이다. 특히 상대방이 성취한 일이나 업적을 구체적으로 인정하라.

✕ 소통하는 방법

말

고흐 〈브레튼 여성들〉

　소통에서 말은 가장 기본적인 수단이다. 말을 해야 할 때는 겸손하고 부드럽게 해야 한다. 주장해야 할 때는 한 마디 한 마디에 힘을 준다. 분명하게 말해야 상대방에게 확신을 줄 수 있다. 흥분하지 말고 요령 있게 말해야 한다. 주의 깊게 듣고, 총명하게 질문하고, 조용히 대답해야 한다. 때로는 침묵이 가장 좋은 대답이 될 수도 있다. 아무 말할 필요가 없을 때에는 입을 다물어야 한다.

　말의 중요성은 소통에서도 중요하지만 인간관계에서도 매우 중요하다. 그러므로 말을 할 때 신중을 기해야 한다.

● 앞에서 할 수 없는 말은 뒤에서도 하지 마라

　뒤에서 한 말은 돌고 돌면서 크게 부풀어 올라 말한 사람을 되레 공격하는 무기가 된다. 특히 친구를 비판하는 것은 절대 금물이다. 언젠가 이것이 빌미가 되어 화근이 될 수 있다.

● 말을 독점하자 마라

말을 독점하면 말을 잘 한다는 자부심을 스스로 가질지 모르지만 사람들에게는 타인을 배려할 줄 모르는 센스 없는 사람, 독선적인 사람으로 기억될 것이다.

● 목소리의 톤을 높이지 마라

흥분하지 말고 낮은 목소리로 요령 있게 말해야 뜻이 정확하게 전달된다. 특히 화를 내면서 하는 말은 상대방의 감정을 건드려 아무런 효과가 없다. 반면에 부드러운 목소리로 상대방에게 의견을 청하면서 하는 말은 상대방의 지혜를 끌어들인다.

● 귀를 훔치지 말고 가슴을 흔드는 말을 하라

합리적인 말만 할 것이 아니라 감성을 섞어서 말해야 한다. '잘나가는 청춘'이 되려면 가슴에 호소하는 말을 하기 위해 노력해야 한다. 말을 듣는 상대방은 가슴을 흔드는 말을 기억하고 감동하면서 마음이 움직인다.

● '뻔'한 이야기보다 '펀(fun)'한 이야기를 하라

유머감각을 가지고 재미있게 말하라. 그래야 상대방도 편하고 즐거운 마음으로 들을 것이다. 요즈음은 스토리텔링의 능력이 강조되고 있다. 재미있게 말할 수 있는 능력을 키워라.

● 입술의 '30초'가 가슴의 '30년'이 됨을 명심하라

　말 한마디가 누군가의 인생을 바꿀 수 있다. 누군가의 가슴에 박혀서 영향력을 행사하는 것이다. 그것이 보검일 수도, 비수일 수도 있다.

경청

　현대 사회에서 말을 잘하는 것이 경쟁력이라고 여기고 너도나도 자신의 의견을 말하기에 급급할 뿐, 남의 이야기를 들어주려는 사람은 많지 않다. 그러다 보니 오히려 적게 말하고 많이 듣는 사람이 주변 사람들로부터 호감을 더 크게 얻게 된다.

　대화의 첫걸음이며 지름길인 경청을 잘 하는 것이 소통의 비결이다. 경청은 상대방의 호감을 얻는데 큰 효과를 발휘할 수 있다. 상대방에게 말을 많이 하게 할수록, 상대방의 말을 들어주는 시간이 길수록 상대방은 나를 좋아하게 된다.

　말하는 데에도 기술이 필요한 것처럼 듣는 것도 자세이며 기술이다. 잘 듣는 원칙을 알아보자.

● 눈으로 듣는다

　말을 들을 때는 상대방의 눈을 보아야 한다. 상대방의 눈을 보지 않는다는 것은 커다란 결례다. 마음으로부터 나오는 말이 있고, 혀끝으로 나오는 말도 있다. 마음으로부터 짓는 표정이 있고 겉으로 보여주는 표정도 있다. 상대방의 마음속을 읽으려면 귀보다도 눈에 의지하라. 상대방의 말을 귀가 아니라 눈으로 들어라.

● 맞장구를 친다

맞장구는 상대방의 말에 귀를 기울이고 있음을 나타내고, 대화에 깊은 유대와 공감의 분위기를 형성한다. 맞장구는 '대화의 하이파이브'이다. 맞장구는 서로의 손바닥이 경쾌하게 맞부딪히는 것이다. 맞장구를 할 때에는 진심을 담아서 해야 한다. 과장하거나 건성으로 마지못해 하지 말고 듣는 사람을 기쁘고 행복하게 해 주어라.

글

전통적인 소통 방법은 서로 말을 주고받는 방식이었지만, 이제는 정보통신기술의 발달로 SNS 등 각종 커뮤니케이션 서비스와 다양한 ※애플리케이션으로 단문 텍스트와 이미지가 주요한 소통 수단이 되고 있다.

서로 만나서 얼굴을 보면서 소통하면 감정이나 심리 상태를 파악할 수 있으나 글을 통해 전달하면 비언어적 표현인 몸짓, 표정, 목소리, 소소한 심리 상태 등은 표현하기 어렵다. 따라서 상대는 글만 보고 자기 방식으로 해석하기 때문에 사용한 어휘 등 표현 방식에 따라 오해의 소지가 있을 수 있다.

온라인에서 줄인 단어나 줄인 글을 쓰는 습관이 일상생활에서도 쓰이면서 의미 전달이 더 어려워지고 있다. 또한 기분이나 분위기를 표현하는 데 쓰이는 이모티콘을 과도하게 사용함으로써 원활한 소통이 이루어지지 않기도 한다.

그러므로 글로 표현할 때는 정확한 단어와 문장을 사용하여 명확하게 표현해야 한다. 의견이나 견해를 나타내고자 할 때에는 가급적 이모티콘 사용을 자제해야 한다.

애플리케이션
스마트폰이나 태블릿 피시 등의 운영 체제에서 사용자의 편의를 위해 개발된 다양한 응용 프로그램.

칭찬

 어머니의 칭찬

• 어머니는 아들이 성장함에 따라 그때마다 어떻게 칭찬했을까?

한 어머니가 유치원 모임에 참석하자 유치원 선생님이 어머니에게 말했다. "아이가 산만해서 단 3분도 앉아 있지를 못합니다." 이 말을 듣고 어머니는 집으로 돌아오는 길에 아들에게 말했다. "선생님께서 네가 전에는 의자에 1분도 못 앉아 있었는데 이제는 3분이나 앉아 있다면서 칭찬하셨어." 이 말을 들은 아들은 평소와 달리 책상에 30분 이상 앉아서 동화책을 읽었다.

시일이 흘러 아들은 초등학교에 입학했다. 어머니는 선생님과의 면담을 위해 학교를 찾아갔다. 선생님은 어머니에게 말했다. "아이가 지능지수가 낮아 성적이 아주 안 좋아요." 어머니는 눈물이 핑 돌만큼 속상했지만, 집으로 돌아가서 아들에게 말했다. "선생님께서 머리도 괜찮으니 조금만 노력하면 성적이 오르겠다고 하더구나." 이 말을 들은 아들은 환한 표정을 지었다.

이제 아들이 중학교에 입학했다. 고등학교 진학상담을 위해 학교에 찾아간 어머니에게 담임선생님이 이렇게 말했다. "이 성적으로 명문고 진학은 좀 어려울 것 같습니다." 어머니는 교실에서 기다리던 아들과 함께 집으로 돌아가며 또 이렇게 전했다. "네가 조금만 더 노력하면 네가 원하는 명문고에 들어갈 수 있다고 하셨어." 용기백배한 아들은 열심히 노력하여 명문고에 들어갔고, 우수한 성적으로 졸업하고 자신이 원하는 대학에 입학했다. 아들은 합격통지서를 어머니 손에 쥐여 드리며 엉엉 울면서 말했다. "어머니, 제가 머리가 좋은 아이가 아니라는 건 알고 있었어요. 그동안 어머니의 칭찬과 격려가 오늘 이렇게 원하던 대학에 합격하는 기쁨을 맞이했어요. 어머니 감사합니다."

인간 본성의 심오한 원칙은 인정받고 싶은 욕구이다. 칭찬은 비용의 문제가 아니라 마음의 문제이다. 상대방이 칭찬을 받고 싶어 하는 것이 무엇인지를 발견해야 한다. 대개 우수하거나 인정받고 싶은 것을 화제에 올리는 법이다. 그것을 칭찬하면 상대방은 좋아하면서 소통에 나선다. 상대방이 즐겨 화제로 삼는 주제를 주의 깊게 관찰하여 그 주제를 칭찬하는 것이 소통에 도움이 된다.

유머

 밥 호프 이야기

• 밥 호프는 어떻게 배우가 되었을까?

밥 호프(Bob Hope, 1903~2003)
영국에서 태어난 미국의 희극 배우. 미국 코미디의 황제로 불림.

미국의 한 고등학교 학생이 배우가 되고 싶어서 할리우드로 갔다. 하지만 영화 관계자들은 나이가 어리고 경험이 없다는 이유로 그를 받아들이지 않고 계속해서 퇴짜를 놓았다. 어느 날 한 곳에 배우 선발 면접을 볼 수 있었다. 면접관들은 늦은 시간까지 면접으로 몹시 지쳐 있었다. 그때 한 면접관이 그에게 물었다. "가장 잘할 수 있는 것이 무엇인지 말해 보세요."

그는 씩씩하게 대답했다. "네. 저의 특기는 사람들을 웃게 만드는 것입니다."

면접관은 그의 말에 반색하며 말했다. "그럼 여기서 한 번 보여주세요."

그러자 그는 곧바로 시험장 문을 열고 밖을 향해 소리쳤다. "면접을 기다리는 여러분! 이제 그만 집에 가서 식사하세요. 면접관들이 나를 채용하기로 했습니다."

면접관들은 그의 행동에 그만 웃음을 터트리고 말았다. 그렇게 해서 그는 면접관들에게 자기를 각인시켰고, 영화사에 채용되었다. 그가 희극 배우 밥 호프이다.

유머를 적극 활용하면 분위기를 좋게 하고 유쾌하게 만들어 소통을 원활하게 한다. 유머와 웃음은 공감대를 형성하는 데 큰 도움을 준다. 유머는 원활한 대화와 좋은 인상을 남겨 긍정의 에너지를 발산하면서 감정의 거리를 좁혀준다. 삶의 여정에는 곳곳에 웃음거리가 놓여있음에도 그런 측면을 간과한다.

매사에 재미있고 즐거운 웃음 요소를 찾아내도록 해야 한다. 삶에서 유머 감각을 발휘해야 한다. 유머를 발휘하면 자신을 주목하게 하고 온화한 느낌을 주면서 사랑받는다. 유머 감각은 조금만 다르게 보고, 조금만 관심을 기울이며 노력하면 가질 수 있는 재능이다.

비언어적 표현 : 눈 마주침, 몸짓

상호 공감을 통한 눈 마주침이나 몸짓이 상대방의 마음을 움직이고 자극한다. 눈 마주침은 서로의 감정 상태를 알 수 있고 집중할 수 있다. 적절한 스킨십은 상대방의 감정이나 상황을 존중한다는 것을 보여준다. 따뜻한 손길, 친절한 다독임, 가벼운 포옹 등은 말로 보여줄 수 없는 친밀한 감정을 전달할 수 있다.

� 소통과 공감

현대 사회에서 공감이 강조되면서 새로운 패러다임으로 떠오르고 있다. 공감은 서로를 연결해주는 감정적 연결고리로서 건전한 인격 형성을 위한 중요한 정서적 토대이다.

공감은 마음과 마음이 서로 통하는 상태이다. 공감이 있어야 마음에서 동조가 우러난다. 공감대를 높이려면 상대방의 심정과 감정을 진심으로 이해하고, 필요를 파악하는 능력, 즉 '마음의 시력'을 가지고 진실한 마음으로 대해야 한다. 거기에서 친근감을 느끼면서 동조가 일어나게 된다.

공감하기 위해서는 공감대가 형성되어야 한다. 공감대 형성이란 두 사람 사이나 집단 간에 상호 신뢰를 나타내는 심리이다. 이것은 서로 마음이 통하고, 무슨 말이라도 털어놓고 말할 수 있고, 말하는 것이 충분히 이해가 되는 관계로 느껴지는 상태를 말한다.

모든 관계에서 가장 중요한 것 중의 하나가 공감대 형성이다. 서로 간에 공감대가 형성되어야 제대로 된 관계를 맺으면서 진정한 의사소통이 이루어지게 된다.

공감대를 형성하기 위해서는 먼저 상대방을 알고 이해해야 한다. 상대방에 관심을 가지고 어떤 사람인지, 어떤 상황에 놓여 있는지, 무슨 생각을 하고 있는지, 무엇을 원하는지, 어떤 가치관을 따르고 있는지, 문화나 취미가 무엇인지, 어떤 습관을 지니고 있는지를 알아야 한다. 그러기 위해서는 상대방의 말을 경청하고 질문해야 한다.

다음으로는 서로 믿어야 한다. 서로를 믿지 못하는 상태에서는 공감대가 형성될 리 없다. 신뢰는 상대방에 비치는 삶의 태도, 말이나 행동, 마음씨가 결정한다. 약속을 지키고 공정하고 따뜻한 행동을 보여 주어야 한다.

상대방에 대한 이해와 신뢰의 바탕 위에서 상호 솔직해야 한다. 상대방이 솔직하지 않다고 느끼는 상황에서는 공감대가 형성되지 않으므로 솔직하게 대화해야 한다. 먼저 상대방의 의견을 경청하고 의도를 분명하게 인지해야 한다. 그런 다음에 자신의 의견을 숨기지 말고 구체적으로 말하고 이해했는지를 확인한다. 이렇게 자신이 마음의 문을 열면 상대방도 마음의 문을 열어 공감대가 형성되는 것이다.

공감대 형성은 내용을 떠나 태도가 결정적인 영향을 미치기도 한다. 겸손한 자세로 상대방의 입장이 되어 상대방의 정서를 이해하고 문화나 취미에 대해 배려하면 상대방에 대하여 진정으로 관심이 있다는 사실을 깨닫게 해주면서 감동을 주기 때문이다. 누군가와 공감하려면 먼저 그의 진실한 친구라는 것을 느끼게 해야 한다. 그래야 사람의 마음을 사로잡을 수 있다.

🗡 소통과 공감으로 갈등 해결

삶에서 누구에게나 갈등이 있게 마련이므로 갈등이 일어난 후에 이를 해결하는 자세가 중요하다. 두 물건이 부딪치면 소리를 내듯이 두 사람이 부딪치면 다툰다. 소리를 내는 것은 두 가지 모두 단단하기 때문이다. 모두 부드러우면 소리가 나지 않으며 하나만 부드러워도 소리가 나지 않는다. 다툼이 일어나는 것은 두 사람 모두 자신의 입장을 고수하기 때문이며 모두 양보하거나 한 사람만 양보해도 다툼은 일어나지 않는다. 부드러운 쪽이 단단한 쪽을 부드럽게 만들고, 양보하는 사람이 욕심 많은 상대방을 감화시키는 것이니 유연하게 대처해야 한다.

관용은 자신과 다른 견해나 행위를 인정하고 허용하는 것이며 상대방의 생각과 주장을 이해하고 받아주는 포용적인 자세를 뜻한다. 하지만 상대방에 대해 무조건 관용과 포용을 할 것이 아니라 자신의 존엄성을 지니고 사회 질서와 공동선을 지킬 수 있는 범위 내에서 행사되어야 한다.

상대방에게 자기 의견을 전달할 때 공감대 형성에 노력해야 한다. 공감대 형성을 잘 하면 갈등이 완화되고 해결될 수 있다. 일단 공통점을 공유하여 '다름'을 보기보다는 '같음'을 봐야 한다. 이어서 공정한 기준과 원칙으로 대안을 도출한다. 이때 모두를 만족시키는 대안을 창출해 내는 것이 어려울 수 있지만, 서로에게 이롭게 하겠다는 마음으로 충분한 협의를 통하면 합리적인 결론을 끌어낼 수 있다.

갈등을 해결하는 구체적인 방법으로는 상대방의 입장에서 생각하며 나는 옳고 상대방은 틀렸다는 일방적인 단정을 경계한다. 상대방과의 차이를 인정하면서 인내심을 발휘하여 감정을 통제한다. 상대방에 대한 편견이나 선입견을 갖지 않고 상생할 수 있는 타협의 자세를 취한다. 간결하게 주장하고 뒷받침할 수 있는 적절한 근거를 마련하고 필요한 경우 중재를 요청한다.

편지

소통에 필요한 웃음

너는 잘 웃는 편이니? 하루에 얼마나 웃는다고 생각해? 나는 지하철에서나 거리에서 청소년들이 짓는 순수하고 밝은 웃음이 참 보기에도 좋으며 부럽기까지 하더구나. 나를 비롯한 기성세대들은 삶에 짓눌려 일상에서 웃을 일이 많이 있는데도 불구하고 무시하면서 살아가고 있는 것 같아. 사소한 일은 지나치게 심각하게 받아들이면서 정작 즐거워해야 할 일, 웃어야 할 일은 놓치면서 살아가고 있어.

독일의 철학자 프리드리히 니체는 "세상에서 가장 고통을 받는 동물이 웃음을 발명했다. 웃음은 고통을 이겨내는 가장 효과적인 무기"라고 말했어. 동물은 아무리 기뻐도 웃지 않아. 웃음은 인간에게만 주어진 선물로 인간이 할 수 있는 행복하고 건강한 활동이야.

힘들고 어려운 일이 있기 마련인 삶에서 웃음이 청량제 역할을 하지. 마음이 메마르면 웃음을 잃기 쉽고, 웃음을 잃으면 삶까지 메마르고 말아. 웃음은 긍정 에너지를 발산하는 행위로 웃는 순간에 긍정적 에너지가 너 자신을 향해 모여들 거야.

세상에서 가장 인색함은 밝은 웃음을 아끼는 일이야. 네가 마음먹기에 따라 아무런 비용도 내지 않고 별다른 노력도 들이지 않고 할 수 있는 행위가 웃음이지. 눈가의 근육을 조금만 움직여서 미소 짓는 것만으로도 너 자신도 행복하고 주위 사람들에게도 기쁨이 옮아가는 거야.

웃음은 좋은 관계를 맺게 해주는 지름길이야. 서로의 마음과 감정이 가장 빨리, 가장 쉽게, 가장 원활하게 연결되는 방법의 하나지. 웃음 한 번으로 상대방에게 네 마음을 전달할 수 있고, 친구로 만들 수도 있어.

꿈은 자신의 노력과 함께 사람과의 관계에서 이루어지므로 꿈을 이루기 위해서는 행복을 전하는 미소를 아끼지 말고 자주 웃어야겠지. 하지만 좋은 웃음이라도 기본 상식에서 벗어나서는 안 된다는 것을 알아야 해. 볼품없이 지나치게 큰 소리로 웃고 떠든다거나 상황에 맞지 않게 툭하면 껄껄대고 웃는 것은 자신이 천박하다는 것을 스스로 내보이는 짓이야. 분별 있는 사람은 천박하게 웃지 않으며 웃더라도 될 수 있는 한 소리를 줄이고 미소 짓지.

유머는 웃음을 불러내는 좋은 도구야. 대화를 원활하게 하고 좋은 인상을 남기는 유머감각은 소중한 멋이며 재능이야. 어려운 일을 당할 때, 역겨운 것을 보았을 때, 딱한 얘기를 듣거나 해야 할 때, 유머감각을 가진 사람의 한마디는 소중한 거야. 유머와 낙관주의로 어려운 처지를 이겨내는 능력은 인격의 성숙을 말하며 힘의 근원이지. 하지만 유머는 어디까지나 양념이 되어야 하며 천박한 내용을 유머로 착각해서는 안 돼. 재치 있는 유머가 얼마든지 있어. 상황에 맞지 않게 분별없이 유머를 남발하면 익살꾼으로 인식되어 진지하게 이야기할 때도 믿지 않게 되지.

유머감각은 하루아침에 길러질 수 있는 것은 아니야. 하지만 유머감각은 관심을 가지고 노력하면 얻을 수 있는 자질이야. 평소 유머의 소재를 익혀서 대화할 때에 적절히 활용하면 도움이 될 거야. 유머는 개방적이고 유연한 내면에서 배어 나와 창의성과 사고의 유연성을 보여주므로 앞으로 유머 감각을 키워야겠지.

너는 남을 잘 웃기는 편이니? 유머감각이 있는 사람이라는 평을 듣고 있어? 나는 코미디 프로그램을 즐겨보지만 남을 웃기는 데는 서툰 정도가 아니라 우스운 이야기도 내가 전하면 썰렁해져. '남을 웃게 한다는 것'이 보통 능력이 아님을 실감하면서 시청자들을 박장대소하게 하는 개그맨들의 능력은 정말 대단하다는 생각이 드네.

이야기 능력이 뛰어난 친구가 있는데 무슨 이야기를 해도 실감 나게 하며 유머를 하면 폭소를 터뜨리게 하면서 좌중을 주름잡지. 유머를 적어 다니기도 하고 회식자리에서 다른 사람이 재미있는 이야기를 하면 메모한다더라.

네가 주변을 곰곰이 살펴보면 대체로 잘 웃기는 사람 주위에 친구가 많다는 것을 알 거야. 잘 웃긴다는 것은 마음에 여유가 있는 것으로 그만큼 주위를 편안하게 하므로 친구가 많은 거지. 사회생활도 마찬가지야. 유머감각이 있는 사람이 친구가 많고 모임을 주도하는 경우가 많아. 그러니 대화에서 유머 감각이 더해지면 말이 빛나게 되고, 말이 빛나면 말하는 사람도 빛이 나면서 주목하게 되지. 유머를 구사하는 사람은 관대함과 여유가 있어 인간관계를 넓혀 꿈을 이룰 수 있어. 앞으로 유머 감각을 키우는 데 관심을 가져주길 바란다.

- 윤문원 ≪길을 묻는 청소년≫ 중에서

정리하기

- ⊙ 소통한다는 것은 서로를 이해하고 공감한다는 것이다.

- ⊙ 삶은 소통의 과정이므로 소통 능력을 갖추는 것이 중요하다.

- ⊙ 소통에서 말은 가장 기본적인 수단이다.

- ⊙ 말을 해야 할 때는 겸손하고 부드럽게 해야 한다.

- ⊙ 주장해야 할 때는 한 마디 한 마디에 힘을 준다.

- ⊙ 경청을 잘 하는 것이 소통의 비결이다.

- ⊙ 상대방에게 말을 많이 하게 할수록, 상대방의 말을 들어주는 시간이 길수록 상대방은 나를 좋아하게 된다.

- ⊙ 글로 표현할 때는 정확한 단어와 문장을 사용하여 명확하게 표현해야 한다.

- ⊙ 상대방이 칭찬을 받고 싶어 하는 것을 칭찬하면 소통에 도움이 된다.

- ⊙ 유머와 웃음은 공감대를 형성하여 소통을 원활하게 한다.

- ⊙ 따뜻한 손길, 친절한 다독임, 가벼운 포옹 등은 말로 보여줄 수 없는 친밀한 감정을 전달할 수 있다.

- ⊙ 공감은 마음과 마음이 서로 통하는 상태이다.

- ⊙ 공감하기 위해서는 공감대가 형성되어야 한다.

- ⊙ 공감대를 형성하기 위해서는 상대방을 알고 이해해야 하며 상호 솔직해야 한다.

- ⊙ 공감대 형성은 내용을 떠나 태도가 결정적인 영향을 미치기도 한다.

- ⊙ 공감대 형성을 잘 하면 갈등이 완화되고 해결될 수 있다.

- ⊙ 갈등을 해결하기 위해서는 상대방의 입장에서 생각하고, 상대방과의 차이를 인정하면서 인내심을 발휘하여 감정을 통제해야 한다.

확인하기

1 삶에서의 소통의 중요성을 서술하시오.

_____

_____

2 소통하는 기본자세를 적어 보세요.

_____

_____

3 소통과 공감의 관계에 대해 서술하시오

_____

_____

4 다음 중에서 공감대 형성과 관련된 내용을 바르게 설명한 것이 아닌 것은 무엇인
가요?

① 인간은 적대적 경쟁보다는 유대감을 가장 고차원적 욕구로 추구하는 존재이므로
공감대를 형성해야 한다.

② 공감대가 형성되면 서로 마음이 통하고, 무슨 말이라도 털어놓고 말할 수 있고,
말하는 것이 충분히 이해가 되는 관계로 느껴진다.

③ 공감대 형성을 위한 계획에 따라 논리적인 접근을 하면 이루어질 수 있다.

④ 공감대 형성은 내용을 떠나 태도가 결정적인 영향을 미치기도 한다.

5 친구와 문제가 생겼을 때 지혜롭게 해결하는 방법은 무엇인가요?

_____

_____

정답 1~3. 각자 작성 4. ③ 5. 각자 작성

8 협동

🔲 **학습목표**
• 협동의 필요성을 인식하고 협동하는 방법을 말할 수 있다.
• 협동을 원활히 하기 위한 근면하는 방법을 설명할 수 있다.

✖ 협동의 필요성

개인주의가 팽배하고 극심한 경쟁이 펼쳐지는 현대 사회에서 협동은 매우 필요한 덕목이다.

협동은 개인과 팀, 학교, 회사, 국가 등 사이에서 다양하게 이루어지고 있다.

이와 같은 협동을 거창하고 어렵게 생각할 것이 아니라 협동은 우리 생활 깊숙이 자연스럽게 이뤄지고 있다. 학교 수업 시간에서의 모둠 활동, 무거운 물건을 함께 드는 일, 합창, 축구, 야구, 농구 등 단체 운동 경기에서의 협동이 있다.

오늘날 인류가 세상을 정복한 이유는 여럿이 협동하는 능력을 가졌기 때문이다. 인간이 지구를 지배하는 것은 인간 개인이 침팬지나 늑대보다 훨씬 더 영리하고 손놀림이 민첩해서가 아니라 인간이 가장 유연하게 협력할 수 있는 유일한 종이기 때문이다.

고도로 전문화된 현대 사회에서 혼자만의 힘으로 이룰 수 있는 일은 없다. 이와 같은 협동의 적용은 미래에 다가갈수록 더욱더 강화될 것이다.

현재와 미래의 승패는 자신만의 능력이 아닌 타인과의 협동에 달려있다. 이기적인 사람은 다른 사람들의 협력과 응원을 얻을

115

수 없다. 응원과 협조 없이 이뤄진 성과는 오래갈 수 없다. 이타적인 사람은 다른 사람의 따뜻한 협조 속에 공동의 가치를 추구한다.

 뉴턴 어록

> 내가 더 멀리 본다면, 그것은 내가 거인들의 어깨 위에 서 있기 때문이다.

아이작 뉴턴(Isaac Newton, 1642~1727)
영국의 물리학자이자 수학자.

이타심을 발휘하여 협력자를 만들어야 한다. 혼자 걷는 길은 없다. 지금 무슨 일을 하든 다른 사람과 어떤 형태로든지 연결되어 있다. 여러 사람 도움과 협력으로 오늘에 이른 것이다.

혼자 일할 때보다 단체로 일할 때 더 많은 성과를 낸다. 협동이 새로운 기회를 만들고, 서로 다른 아이디어가 섞여 혁신적인 결과물을 만들어낸다. 위대한 일은 혼자 힘으로는 이룰 수 없다. 큰일을 하려면 다른 사람들과 서로 신뢰하면서 협동해야 한다.

사람들은 팀에 소속되어 있다는 사실만으로도 스트레스를 덜받고 행복감이 커진다고 한다. 사람들은 남과 잘 어울리고 협력할 줄 아는 사람, 남을 배려하고 공동체 이익을 우선할 수 있는 이들을 좋아한다. 이타적인 사람이 결국은 승리하게 된다.

협동을 잘하기 위해서는 무엇보다도 서로 이해하고 양보하면서 배려하는 자세가 중요하다. 맡은 일에 대하여 끈기를 가지고 인내하면서 수행하여 기대한 이상의 성과를 창출해야 한다.

근면과 협동

 제임스 크로닌 어록

> 어느 날 나는 내게 물었다.
> "지구에서 가장 행복한 사람은 누구일까?"
> 나는 이렇게 대답했다.
> "어제 하다가 남겨둔 일을 계속하기 위해 아침이 빨리 오기를 애타게 기다리는 사람."

제임스 크로닌(James Cronin, 1931~)
미국의 핵물리학자.

고흐 〈추수〉

협동의 성과를 올리려면 자신이 즐거워하는 일, 잘할 수 있는 일을 해야 하며 이럴 때 자신의 능력을 최대한 발휘할 수 있다. 너무나도 하고 싶은 일을 하면 인생에서 힘든 '일'이 아니라 즐거운 '놀이'가 된다. 인생의 의미를 느끼면서 일하는 사람은 성공한 인생이지만 돈만 벌기 위해서 일하는 사람은 실패한 인생이다. 훌륭한 일자리는 삶에 활력을 주고 의미를 부여하지만 잘못된 일자리는 삶의 의미를 고갈시켜 버린다.

일을 어떤 마음과 태도로 하느냐가 삶의 보람과 행복을 결정한다. 하는 일이 지루하고 괴로우면 자신의 인생도 지루하고 괴로워지고, 하는 일이 기쁘고 즐거우면 자신의 인생도 덩달아 기쁘고 즐거워진다. 하는 일이 즐거울 때 인생은 기쁨이고 의무일 때 노예가 된다. 일이 즐거우면 세상은 낙원이지만 일이 괴로우면 세상은 지옥이다. 싫은 일에서 창조의 힘은 솟아나지 않으며 즐겁고 희망적인 일에 종사하는 것은 창조와 행복의 비결이다.

일에서 삶의 의미를 찾을 수 있어야 한다. 일하는 시간을 잊을 정도로 집중해야 한다. 즐거운 마음으로 일하기 위해서는 자신이 열망하는 일을 해야 한다. 자신이 간절히 원하는 것이 무엇인지 자신에게 묻고 그것을 선택하여 열정과 에너지를 쏟아 부어라. 그 행위가 곧 자신에게 충실한 행위가 되며 자신에게 책임지는 자세이다.

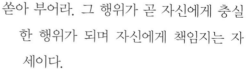

협동 시

개미

아프리카 밀림에 개미떼가 출몰하면

코끼리와 사자도 개미떼를 피해 도망갑니다

맹수들이 개미떼를 무서워하는 것은

개미들의 협동심 때문입니다

개미는 지극히 작지만

수많은 개미가 힘을 합쳐 공격하면

아무리 맹수라도 뼈만 남습니다

사람도 마찬가지입니다

혼자가 가진 아무리 작은 능력이라도

협동하여 힘을 합하면

엄청난 힘이 생깁니다

- ◉ 협동은 우리 생활 깊숙이 자연스럽게 이뤄지고 있다.

- ◉ 인류가 세상을 정복한 이유는 여럿이 협동하는 능력 때문이다.

- ◉ 고도로 전문화된 현대 사회에서 혼자만의 힘으로 이룰 수 있는 일은 거의 없다.

- ◉ 협동의 적용은 미래에 다가갈수록 더욱더 강화될 것이다.

- ◉ 현재와 미래의 승패는 타인과의 협력에 달려있다.

- ◉ 이타적인 사람은 다른 사람의 따뜻한 협조 속에 공동의 가치를 추구한다.

- ◉ 협동하면 서로 다른 아이디어가 섞여 혁신적인 결과물을 만들어낸다.

- ◉ 큰일을 하려면 다른 사람들과 서로 신뢰하면서 협동해야 한다.

- ◉ 협동할 때는 서로 이해하고 양보하면서 배려하는 자세가 중요하다.

- ◉ 협동의 성과를 올리려면 자신이 즐거워하는 일, 잘할 수 있는 일을 해야 한다.

- ◉ 하고 싶은 일을 하면 힘든 '일'이 아니라 즐거운 '놀이'가 된다.

- ◉ 일에서 삶의 의미를 찾을 수 있어야 한다.

- ◉ 자신이 간절히 원하는 일이 무엇인지 스스로 묻고 선택하여 최선을 다해야 한다.

확인하기

1 협동의 필요성에 대해 서술하시오.

_____

_____

2 친구 간에 협동 정신을 실천하기 위해서 필요한 자세를 서술하시오 .

_____

_____

3 문장를 읽고 틀린 단어에 줄을 긋고 고쳐 쓰세요.

이타적인 사람은 다른 사람의 따뜻한 협조 속에 개인의 가치를 추구한다.

4 협동의 성과를 올리려면 어떤 일을 해야 하는지 적어 보세요.

_____

_____

5 직업 선택의 관점에서 내가 간절히 원하는 일은 무엇이며, 이를 선정한 이유를 적어 보세요.

_____

_____

_____

정답 1. 각자 자신 2. 서로 이해하고 양보하는 배려하는 자세를 가져야 한다. 3. 개인-공동 4. 동기부여하는 일.
정답할 수 있는 일 5. 각자 자신

예방 교육

1 학교폭력 예방

학습목표
- 학교폭력의 유형과 원인 및 예방 방법에 대해 설명할 수 있다.
- 학교폭력 예방과 관련하여 친구의 중요성을 인식할 수 있다.
- 학교폭력의 주요 원인인 분노 조절에 대해 설명할 수 있다.

학교폭력의 현실

학교폭력은 심각한 사회문제이다. 미래를 꿈꾸어야 할 청소년들이 폭력에 노출되어 영혼을 갉아먹는 행위가 벌어진다는 것은 개인적으로나 국가적으로 불행한 일이다.

학교폭력의 양상이 점점 흉포화 되고 연령대가 낮아지면서 학교폭력으로 자살하는 청소년의 비율도 증가하고 있다. 학교폭력의 피해자가 된 청소년들은 학교 가는 것에 대한 극도의 공포를 갖게 되고, 더 이상 해결 방법이 없다고 생각하면서 자살에 이르게 된다.

학교폭력의 유형

학교 안에서 벌어지는 폭력 유형에는 신체폭력, 사이버폭력, 언어폭력, 금품 갈취, 강요, 따돌림, 성폭행 등이 있다. 그중 언어폭력이 신체폭력을 앞서고 있다. 이는 부모나 선생님 등 제 3자가 개입할 여지가 점점 줄어든다는 것을 의미한다. 언어폭력은 핸드폰을 통해 개인 메시지로 전달되거나 SNS를 통한 사이버폭력이 행사되기도 하는 등 은밀하게 진행되기 때문에 당사자가 아니면 그 고통의 정도를 헤아리기가 어렵다.

● 신체폭력

신체를 때려서 고통을 주는 상해와 폭행, 강제로 일정한 장소로 데리고 가는 약취, 일정한 장소에서 쉽게 나오지 못하게 하는 감금, 상대방을 속이거나 유혹해서 일정한 장소로 데리고 가는 유인 등이 있다.

● 언어폭력

욕설, 비웃기, 은어로 놀리기, 겁주기, 위협, 협박, 신체 특정 부분 놀리기 등이 있다. 여러 사람 앞에서 상대방의 외모·성격·능력 등을 비하하는 말로 명예를 훼손하는 행위이다.

● 사이버폭력

인터넷, 핸드폰 등 정보통신기기로 협박, 위협, 비난하기, 사이버머니·아이템 훔치기, 헛소문 퍼뜨리기, 악성 댓글 올리기, 원치 않는 사진이나 동영상을 찍거나 유포시키는 행위이다

구체적으로는 인터넷 게시판, 채팅, 문자, 카페 등에 특정인에 대한 모욕적인 말이나 욕설 등을 올리는 행위, 허위 내용의 글이나, 사생활에 관한 사실을 불특정 다수에 공개하는 행위, 위협, 조롱, 성적 수치심을 주는 글·그림·동영상 등을 유포시키는 행위, 공포심이나 불안감을 유발하는 문자·음향·영상 등을 반복적으로 전송하는 행위이다.

● 금품 갈취

일부러 상대방의 물건을 망가뜨리거나, 강제로 빌리기, 돈이나 옷, 문구류 등 물건을 빼앗는 행위이다.

● 강요

폭행 또는 협박으로 상대방의 권리행사를 방해하거나 의무가 없는 일을 하게 하는 행위이다. 강제적으로 심부름을 시키는 것으로 빵 셔틀, 와이파이 셔틀, 숙제 셔틀 등이 있다.

● 따돌림

싫어하는 말이나 빈정거림, 면박이나 핀잔주기, 말을 따라하며 놀리기 등으로 다른 학생들과 어울리지 못하도록 하는 행위이다.

● 성폭력

상대방의 의사에 반하여 성적 불쾌감을 주거나 해악을 끼치는 성적 행위이다. 강제적 성행위인 성폭행, 신체적 접촉 행위인 성추행, 성적인 언어나 음란 전화 등으로 성적 수치심을 주는 성희롱 등이 있다.

🏫 학교폭력의 원인

학교폭력의 원인은 학우 간에 공감하지 못하는 갈등 상황에서 분노를 조절하지 못해 일어나거나, 소유욕을 채우기 위해서나 심지어 폭력을 통해 쾌감을 느끼기 위해서도 행해진다.

학교폭력과 친구

학교폭력은 대개 동급생이나 상·하급생 사이에서 벌어지는 행위이다. 진정한 친구 사이에서는 상호 예의를 지키므로 절대 학교폭력이 일어나지 않는다. 그러므로 친구에 대한 자신의 주관을 확립하고 올바른 친구를 사귀어야 한다.

🎙 키케로 어록

> 친구는 나의 기쁨을 배로 하고, 슬픔을 반으로 한다.

키케로(Cicero, BC 106~BC 43)
고대 로마의 정치가, 철학자, 문학가. 저서에 ≪의무론≫ ≪국가론≫ 등이 있음.

나의 약한 모습을 부끄럼 없이 편하게 보여 줄 수 있는 친구, 내가 힘들고 괴로운 것을 말하지 않아도 알아주는 친구. 이러한 친구를 사귀는 것은 매우 어렵다. 하지만 내가 먼저 진정한 친구가 되어 준다면 친구도 나에게 진정한 친구가 되어 줄 것이다.

친구 관계를 맺고 나면 친구니까 우정이 당연하다고 생각해서는 안 된다. 우정에 대한 감사의 표현을 하면서 우정이 자라도록 자양분을 수시로 주어야 한다. 친구 사이에도 예의가 중요하다. 친해지면 자칫 소홀해지기 쉽다. 가까워질수록, 익숙해질수록 더 조심하고 배려해야 한다. 그래야 친한 사이가 더 오래간다.

친구 사이에 적절한 거리를 유지하는 것에도 신경을 써야 한다. 누구나 침범당하지 않았으면 하는 개인적인 영역이 있다. 아무리 가까운 친구라고 해도 '선을 넘으면' 관계가 오래가기 어렵다. 친구는 인생에서 소중한 보물이다. 좋은 친구 한 사람 만나는 것이 인생의 축복이고 행운이다. 만남을 위해서는 자신을 끝없이 가꾸고 다스려야 한다. 좋은 친구를 만나려면 내가 먼저 좋은 친구감이 되어야 한다. 내가 먼저 손을 내밀어 좋은 친구를 만들어야 한다.

학교폭력과 분노

학교폭력 원인 중의 하나는 분노이다. 상대방에 대한 분노이든, 자기 자신에 대한 분노이든, 상대방이 아닌 다른 사람 때문에 생긴 분노이든, 세상에 대한 분노이든 이를 특정인에게 폭발시키는 것이 학교폭력이다. 그러므로 분노를 잘 관리하여야 한다.

헤라클레스의 분노 폭발

• 헤라클레스가 분노를 폭발한 결과는 어떻게 되었을까?

헤라클레스(Heracles)
그리스 신화에 나오는 영웅.

> 어느 날, 자신의 힘이 가장 세다고 자랑하는 헤라클레스가 골목길을 걸어가고 있는데 사과 크기의 이상한 물건이 떨어져 있는 것을 보고 가는 길을 방해한다면서 화를 내며 발로 차버렸다. 그러자 사과만 했던 것이 어느새 수박처럼 커졌다. 헤라클레스는 자신을 놀린다고 더욱 화를 내며 다시 힘껏 발로 차자 이번에는 바위만큼 커졌다. 더욱 흥분한 헤라클레스는 이번에는 커다란 쇠몽둥이를 휘둘렀다. 휘두르면 휘두를수록 커져 버려 어느새 길목을 꽉 막아버렸다.
>
> 분노를 폭발하는 헤라클레스 앞에 아테네 여신이 나타나 그 이상한 물건을 향해 웃으며 노래를 들려주자 순식간에 원래 크기로 돌아가 툭 떨어지는 것이었다. 놀란 헤라클레스가 아테네 여신에게 "도대체 저게 무엇입니까" 하고 묻자 아테네 여신이 웃으며 "이건 논쟁과 불화의 정령이라서 가만히 놓아두면 별것 아니지만, 이것과 싸우면 주체할 수 없을 정도로 커져 버린답니다."라고 말했다.

분노란 불길과 같아서 부채질하면 더욱 거세게 타오른다. 반대로 참으면 참을수록 잦아드는 것이 또한 분노이다. 분노의 불길을 부채질하지 말고 잠재워야 한다. 분노의 격정을 다스려야만 마음의 평정을 유지할 수 있다. 마음속의 분노를 관리하지 못하면 행복해질 수 없다.

분노의 격정을 다스려야만 마음의 평온을 유지할 수 있고 행복해질 수 있다. 분노에 깔린 슬픔, 고통, 증오와 상처를 헤아리고 풀어주어서 분노를 일으키게 한 감정적인 고리를 끊어야 한다.

진정한 승리자는 분노를 이겨낸 사람이다. 미련한 자는 분노를 분출하지만 슬기로운 자는 다스린다. 분노를 없애기는 어려우나 잠재울 수는 있다.

모든 것은 순간적인 것, 지나가는 것이니
그리고 지나가는 것은 훗날 소중하게 되리라

삶이 그대를 속일지라도
슬퍼하거나 노하지 말라
설음의 날을 참고 견디면
기쁨의 날이 오고야 말리니

지금 현재의 시련을 지나치게 힘들다고 판단하여 이를 회피하기 위해 자살의 충동을 느끼거나 시도하기도 한다. 조금만 견디면 별 것 아닐 수 있음에도 불구하고 지금의 상황에서 그것이 삶의 전부인양 잘못 판단하고 자살에 이르기도 하는 것이다.

그런 면에서 시련에 대하여 올바른 시각을 가지고 긍정적으로 받아들이면서 시련을 관리해야 한다. 삶을 영위하는 과정에는 시련이 있게 마련이므로 시련을 견디고 극복하는 마음가짐을 가져야 한다.

 알베르 카뮈 이야기

• 알베르 카뮈는 어떤 자세로 시련을 극복했을까?

알베르 카뮈 (Albert Camus, 1913~1960) 프랑스의 소설가·수필가·극작가. ≪이방인≫ ≪페스트≫ ≪전락≫ 등의 저서가 있음. 1957년 노벨 문학상을 받음.

알베르 카뮈는 어린 시절 아버지를 여의고 청각장애를 앓고 있는 어머니와 할머니, 형 그리고 두 명의 외삼촌들과 함께 살았다. 가난한 가정 형편으로 영양실조와 폐결핵을 앓아 정상적인 생활을 할 수가 없었다. 그러나 그는 항상 긍정적인 사고를 가지고 생활해 나갔다.

그는 불행한 상황에 굴복하지 않고 문학을 향한 열정으로 가난과 질병을 극복했고 삶의 아픈 상처를 작품으로 승화시켜 44세에 노벨 문학상을 받았고 수많은 명작을 남겼다.

사람이 살다보면 시련이 닥쳐 앞길을 가로막는 경우가 허다하다. 지금 아무리 시련이 매섭더라도 그 시련이 지나가면 다시 새로운 출발을 맞이할 수 있다. 시련 앞에서 우는 사람이 되지 말고 시련을 하나의 출발점으로 삼아야 한다.

시련을 극복하는 방법은 강인한 정신에 달려있다. 시련이 다가올 때, 용감한 자는 더욱 강해지고, 현명한 자는 더 지혜로워지고, 약한 자는 쉽게 포기하고, 어리석은 자는 남을 탓한다.

시련을 이겨내는 건 쉽지 않은 일이다. 그럼에도 어려운 상황에 굴복하지 말고 극복한다면 행복한 일들이 기다리고 있을 것이다.

실패와 자살

청소년 시절에 이런 저런 실패를 겪을 수 있다. 실패했을 때 좌절감에 젖어 자살 충동을 느낄 수가 있다. 눈앞에 닥친 실패를 과장하여 받아들여서는 안 된다. 실패를 어떻게 바라보고 받아들이는가는 마음의 평정에 있어서 매우 중요하다. 청소년 시절의 실패는 좋은 경험일 수 있음에도 이를 과장 확대해서 받아들여서는 안 된다. 있는 그대로 받아들이면서 이를 잘 관리하고 해결 방안을 찾아야 한다. 그래야 좌절하지 않고 마음의 안정을 얻고 새로운 용기를 가지고 다시 일어설 수 있다.

 처칠의 연설

• 처칠이 연설에서 강조하려고 했던 것은 무엇일까?

윈스턴 처칠은 제2차 세계 대전 당시 옥스퍼드 대학에서 졸업식 축사를 했다. 그는 위엄 있는 모습으로 단상에 올라갔다. 청중들은 숨을 죽이고 연설에 집중했다. 처칠은 청중을 둘러보며 목소리에 힘을 주

윈스턴 처칠(Winston Churchill, 1874~1965) 영국의 제42대(1940-1945), 44대(1951-1955) 총리.

어 짧은 한 문장을 외쳤다. "포기하지 마십시오."

　다음 연설 내용을 기다리고 있는 청중에게 그는 큰 소리로 외쳤다. "절대로 포기하지 마십시오."

　청중들이 또다시 중요한 내용의 연설을 할 것이라 기대하고 있는 분위기에서 더욱 큰 목소리로 "절대 절대 포기하지 마십시오"라고 외친 다음에 단상에서 내려왔다. 그때야 청중들은 처칠에게 우뢰와 같은 박수를 보냈다.

　실패한 자가 패배하는 것이 아니라 포기한 자가 패배하는 것이다. 사람이 가끔 잘못된 결정으로 실패하는 것은 자연스러운 현상이다. 항상 옳은 결정으로 성공하는 사람은 아무도 없다. 실패한 것을 스스로 비난하고 자학하는 것은 정신 건강에 무척 해롭다. 실패를 자학하는 사람은 앞으로 나아갈 수 없다. 실패에서 교훈을 얻고 배워서 실패가 성공의 디딤돌이 되어야 한다. 실패를 실패로 받아들이고 인정하면서 상처받지 말아야 실패를 딛고 일어설 수 있다.

　실패에서 다시 일어서야 하는 것이 인생이다. 넘어지지 않고 달리는 사람에게는 박수를 보내지 않는다. 넘어졌다가 일어나 다시 달리는 사람에게 박수를 보낸다. 인생에서 중요한 것은 실패하지 않는 것이 아니라 실패해도 좌절하지 않고 다시 일어나는 데 있다.

조반니 바티스타 티에폴로 〈웅변의 힘〉

걱정과 자살

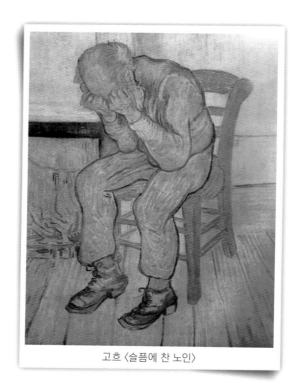

고흐 〈슬픔에 찬 노인〉

누구나 삶에서 걱정거리를 만나고 걱정을 하면서 살아간다. 지나친 걱정은 영혼을 망가뜨리게 하여 자살 충동을 일으키는 원인이 되기도 한다. 그러므로 걱정을 잘 받아들여서 관리를 하는 것은 매우 중요하다. 그래야 마음의 안정을 가져와서 정상적인 생활을 영위할 수 있다.

걱정은 일어나지 말았으면 하는 일이 일어날 것이라고 부정적인 상상을 하는 것으로 우유부단함과 의심에서 비롯되는 불안함의 일종이다. 걱정은 흔들의자와 같아서 마음을 흔들어 놓으며, 엔진을 공회전하는 것과 같아서 앞으로 나아가지 못하게 한다.

걱정은 에너지를 소모하며 심신을 해친다. 특히 시련이 닥쳤을 때 걱정하는 것은 진취적 사고를 막으면서 마음에 고통을 준다. 마음의 고통이란 현재 상태와 자신이 바라는 상태의 차이에서 오는 것이다. 걱정에 따른 고통이 언제까지나 지속할 것 같은 두려움이 들겠지만 언젠가는 지나가게 되어있다.

인생은 문제의 연속이다. 살아있는 사람은 걱정거리가 있으며 죽음과 함께 끝이 난다. 걱정거리가 있다는 것은 그만큼 생기 있게 살고 있다는 것을 나타낸다. 삶을 살면서 시시각각 어떤 걱정거리가 날아올지 알 수 없다. 그러므로 삶 자체가 걱정의 연속임을 인정하면서 살아있다는 증거임을 인식하고 걱정을 긍정적인 시각으로 받아들이면서 걱정에 짓눌리지 말고 앞으로 나아가야 한다.

불안과 자살

인간이 불안에 빠지는 근본적 이유는 삶의 목적과 사명을 잃을 때, 자신이 이루고 싶은 것에 대해 조급함을 느낄 때, 자신과 다른 사람과 비교하여 열등감을 느낄 때, 대인기피증 등이다. 여기에다 현대 사회는 '불안의 시대'라고 지칭될 만큼 다양한 불안 현상이 나타나고 있다. 인간소외 현상에서 오는 고립감, 경제 위기, 노동으로부터의 소외, 환경 및 생태 위험, 사고와 범죄, 건강에 대한 지나친 염려 등 수 많은 불안 요인이 있다. 이런 여러 다양한 원인으로 많은 사람이 극도의 두려움과 불안을 느끼는 공황장애를 겪고 있기도 하다.

불안은 인간의 끊임없는 욕구와 결핍, 경쟁과 강박, 소외를 불러일으키는 병리 현상으로 자살, 알코올 중독, 마약 중독 등 부정적으로 작용하기도 한다. 불안한 감정이 도화선이 되어 큰 불

행에 빠져서는 안 된다. 오히려 인간이 불안에서 벗어나려는 도전을 시도하여 스포츠 참여, 신앙생활, 과학 탐구 등으로 역동적이고 경건한 삶을 영위해야 한다.

분노와 자살

억울한 일을 당했을 경우에 분노를 참지 못하고 그 억울함을 알리는 방법으로 자살하기도 한다. 분노는 마음에 좌절과 고통과 상처를 남기고 삶의 평화를 한 순간에 앗아가 버릴 수 있다. 분노를 폭발시키는 순간 분노가 자신을 지배하게 된다. 분노에 굴복하는 순간 분노의 노예가 되고 만다. 분노가 이성의 둑을 무너뜨리도록 방치하지 말아야 한다.

분노를 억누를 줄 아는 것은 현명함을 보여주는 것이다. 분노를 다스리는 법을 터득해 사는 것이 삶의 지혜이다. 분노의 해독제는 시간이며 세월이다. 분노에 깔린 슬픔, 고통, 증오와 상처를 헤아리고 풀어주어서 분노를 일으키게 한 감정적인 고리를 끊어야 한다.

✄ 청소년 자살의 징후

자살하기 전 청소년들의 평소와 다른 행동들은 너무 아프고 힘들다는 신호이다.

● 자살이나 죽음에 대해 자주 언급하고 이와 관련된 책과 사이트를 찾아보며 죽음과 관련된 글이나 낙서를 한다.

● 대인관계를 피하고 대외적인 활동이 줄어들면서 친구나 주변 사람들과의 접촉도 줄어들게 된다.

● 식사량이나 수면시간이 지나치게 줄거나 늘어난다.

● 주변을 정리 정돈하며 소중하게 간직하던 물건을 나눠주는 등 평소에 하지 않던 행동들을 한다.

● 갑자기 무모하고 과격한 행동을 하고 세상에 대한 분노와 적개심을 드러내기도 한다.

✄ 청소년 자살의 특징

● 사소한 일에도 쉽게 충격을 받아 충동적으로 자살하는 경향이 많다.

● 오랫동안 자살생각을 한 결과라기보다는 감정적이다.

● 자신의 심적 고통을 외부에 알리고자 하는 호소형 자살이 많다.

● 성적 및 학교생활과 관련된 문제로 인한 자살이 많다.

● 모방 자살이 많다.

● 이성교제 문제로 자살하는 경우가 증가하고 있다.

● 카드와 핸드폰의 무분별한 사용에 따른 경제적 문제로 자살하는 경우도 있다.

● 따돌림이나 학교폭력으로 자살하는 경우도 많다.

141

✖ 청소년의 자살 예방 방법

● 생명의 소중함을 인식하고 죽음으로 모든 것이 해결될 수 없으며 긍정적이고 바람직한 해결 방법이 있음을 깨닫는다.

● 가족 간의 유대를 강화 하여 서로 긴밀한 소통을 한다.

● 가정에서 청소년의 자존감을 높여주고 정서적 안정감을 주고 성적에 대해 지나친 부담감은 주지 않도록 한다.

● 교우 관계를 바르게 하고 선생님과 친구들과 긴밀하게 지낸다.

● 동아리 활동, 봉사 활동이나 스포츠 활동, 문화 행사 참여 등을 통해 쾌활함을 유지한다.

● 스스로 심리 상태와 정신 상태의 흐름을 파악하여 이상이 있다고 판단될 경우 부모님이나 선생님, 의사, 전문기관의 도움을 받도록 한다.

● 특히 우울증이 있는 경우 가장 큰 자살 원인이므로 반드시 치료를 받아야 한다. 우울증은 자기 자신과 미래, 그리고 살고 있는 이 세상에 대한 인식을 왜곡시킨다. 상황을 객관적으로 판단하여 비관적인 생각을 막는 것이 우울증 치료의 목적이다. 청소년의 우울증은 대개 그 원인이 단순함으로 효과적인 치료로 좋은 결과를 볼 수 있으므로 치료에 대한 거부감이나 부정적인 생각을 하지 말고 꾸준히 치료를 받아야 한다.

자제력 발휘

청소년 자살은 한 순간을 참지 못하고 충동적으로 자살하는 경우가 많다. 그러므로 자제력을 발휘해야 한다. 자제력을 잃으면 인간은 정신적 자유를 상실하게 되고 나락으로 떨어질 수 있다. 자제력으로 충동적인 생각을 멀리하고 단호히 버텨내야 한다.

자존감 회복

심리학자들은 "자존감이 인간 행동의 중요한 기본 동기이고 정신 건강 및 사회생활 적응과 밀접한 관계가 있으며 전 생애에 걸쳐 한 사람의 정신 건강을 지배하는 주요 감정이다"라고 말한다. '자살은 자존심이 상했을 때 최후에 선택하는 것'이라는 말이 있다. 자살은 극도의 자존감 상실에서 선택하는 행위이다.

사람은 누구나 자기 자신에 대해 긍정과 부정이라는 두 가지 감정을 가지고 있다. 어떤 날은 하는 일이 잘 되어 거울을 보면서 '나 참 괜찮은 사람이야' 하면서 긍정의 감정이 솟구치기도 하고, 어떤 날은 '나는 왜 이렇게 못난 사람이지' 하면서 부정적인 감정에 휩싸이기도 한다. 자존감 회복이 매우 중요하다. 자존감은 절망적인 상황에서 좌절하지 않게 하는 방어 기제로서 다시 일어서게 하는 힘이 된다.

긍정적 사고

자살에 이르는 사람은 현재와 앞으로의 상황을 부정적으로 보기 때문이다. 그러므로 평소에 매사를 긍정적으로 바라보는 습관을 가져야 한다. 그래야 절망적인 상황에서 잘 될 것이라는 희망을 가지면서 마음의 안정을 가져오고 다시 일어설 수 있다.

🎤 롱펠로의 긍정적 사고

• 롱펠로는 정원의 사과나무를 보고 무엇을 느꼈을까?

롱펠로(Longfellow, 1807~1882)
19세기 미국의 대중적 시인.

> 세계적인 시인 헨리 워즈워스 롱펠로는 매우 불행한 인생을 살았다. 첫 번째 아내는 평생 병으로 고생하다가 사망했으며, 두 번째 아내는 집에 화재가 발생해 화상으로 목숨을 잃었다.
> 임종을 앞둔 롱펠로에게 한 기자가 물었다 "선생님은 숱한 역경과 고난의 시간을 겪으면서도 어떻게 그런 아름다운 시를 남길 수 있었는지 그 비결이 궁금합니다."
> 롱펠로는 정원의 사과나무를 가리키며 말했다. "저 사과나무가 나를 견디게 했습니다. 태풍이 불어도 꿋꿋하게 자리를 잡아 해마다 맛있는 사과가 열립니다. 나도 저 사과나무를 보면서 긍정적인 생각을 가지고 시련을 견디며 시를 쓸 수 있었지요."

진정으로 긍정적인 사람은 힘든 상황에서도 해결책을 찾아내며 어려움을 당해도 극복할 수 있다고 믿으면서 최선의 결과를 만들어낸다. '할 수 있다'는 긍정적 생각을 하고 해낼 수 있는 실력을 갖추고 열정을 불살라야 한다. 믿음을 가지고 두려움 없이 미지의 세계를 향해 나아가야 한다.

긍정적인 사람은 열정을 되살려주는 활기찬 사람, 격려해주고 유익한 것을 깨닫게 해주는 사람, 대화를 나누면 즐겁고 행복하게 만드는 사람이며 이와는 가까이해야 한다. 반면에 부정적인 사람은 매사에 불평불만을 늘어놓고 남을 헐뜯는 사람, 우울하게 만드는 사람, 계획에 찬물을 끼얹는 사람이며 이와는 멀리해야 한다.

감사

자살을 마음먹거나 시도하는 것은 삶에 대해 감사함이 없기 때문이다. 자신의 존재 그 자체와 현재 자산이 가진 것에 대해 감사함이 없기 때문이다. 그러므로 마음의 평화를 얻으려면 감사하는 마음을 가져야 한다.

감사하는 마음으로 살아간다면 감사해야 할 일은 끊임없이 꼬리를 물고 이어질 것이다. 더 많은 기쁨, 더 많은 건강, 더 많은 돈, 더 놀라운 경험, 더 많은 멋진 인간관계, 더 많은 기회를 돌려받게 된다. 감사하는 태도를 통해 더욱 사려 깊은 사람으로 거듭나게 된다.

감사해야 할 일들의 목록을 작성해 보면 놀랍게도 가지고 있는 것에 대해 감사해야 할 일이 많다는 것을 알게 될 것이다. 가지고 있지 않은 상황에 대하여 아무리 불평해도 소용이 없으므로 지금 가지고 있는 것들에 감사하면서 선용하면 좋은 일이 일어난다. 이미 가진 것들 가운데 감사할 일에 집중해야 한다.

희망

다비드 프리드리히 〈월출〉

자살을 사도하는 것은 어떤 상황 때문이든 절망에 빠져 희망이 없다고 생각하기 때문이다. 어떤 상황에서도 희망을 발견해야 올바른 정신 상태를 유지할 수 있다. 희망이란 절망 속에서 피어나는 꽃이다.

희망을 품지 않는 것은 어리석으며, 버리는 것은 죄악이다. 세월은 이마를 주름지게 하지만 절망은 영혼을 주름지게 한다. 희망의 상실을 보상할 수 있는 것은 아무것도 없다. 희망이 사라졌는데, 어떻게 행복할 수 있을까?

희망은 정신적 엔진이다. 어둡고 험한 세상에서 빛으로 이끄는 힘이다. 인내와 용기를 발휘하게 하여 시련을 극복하고 삶을 변화시킨다. 희망을 품고 사는 사람과 절망을 품고 사는 사람의 차이는 삶과 죽음의 차이다. 몸은 심장이 멈출 때 죽지만 영혼은 희망을 잃을 때 죽는다. 희망의 빛을 보고도 눈을 감는 것은 자살 행위다. 절망의 순간에 희망이 없는 삶은 바로 죽음과 같은 삶이다. 절망적인 상황에서 버틸 수 있게 하는 힘은 바로 희망이다.

평정심

자살의 가장 큰 원인은 마음의 감기라고 부르는 우울증이다. 그러므로 수시로 변화하는 여러 상황과 여건에 평정심을 갖는 것은 매우 중요하다. 평정심은 감정을 빠르게 회복해 나가는 회복탄력성이 높을수록 잘 유지된다. 회복탄력성이란, 감정과 충동을 적절하게 통제할 수 있는 자기조절과 절제와 극복의 감정이며, 시련이나 고된 역경를 오히려 새로운 기회로 삼아 높이 도약할 수 있는 마음의 힘을 말한다.

회복탄력성이 높으면 높을수록 심리적, 물리적 장애물을 넘어 극복하려는 힘이 강하게 작용한다. 회복탄력성은 자존감에서 우러난 자기 긍정의 감정에서 나온다.

용서

나에게 큰 상처를 준 사람이나 내가 잘못을 저질러 죄의식을 가지면 이것이 우울증을 불러와 자살에 이르기도 한다. 이의 해결 방법은 용서하는 일이다. 상대방을 용서하고 나를 용서해야 한다. 때로는 용서하는 자신을 용서하지 못하는 경우도 있으므로 무엇보다 자신을 용서하는 자세가 중요하다.

누군가를 용서한다는 것은 알고 보면 자신을 위한 것이다. 용서하지 않으면 분노를 되새김질하게 되고 과거의 기억과 상처에 매달리면서 과거의 노예가 되는 것이다. 상처에 집착하면 마음의 평화가 깨져 자신을 불행하게 만든다.

용서는 자신을 위해 상처를 떨쳐버리는 것이다. 세상과 타인에 대한 원망과 집착에서 벗어날 때 홀가분한 것처럼 용서하면 화가 녹아내리고 상처가 아물어 평온을 되찾는다. 용서는 나 자신에게 베푸는 은혜이며 사랑이다.

망각

고흐 〈에덴동산의 추억〉

자살을 마음먹게 하는 것은 과거에 일어난 상황에 대해 '그 때 이렇게 했더라면' 하는 후회와 자책에서 비롯되는 것이 대부분이다. 그러므로 과거에 일어난 잘못된 상황을 의도적으로 잊어버리는 것이 급선무이다.

어제는 역사(History)이고, 내일은 미스터리(Mistery)이며, 그리고 오늘은 선물이다. 그렇기에 현재(Present)를 선물(Present)이라고 말한다. 바람에 몰려가는 구름과 같이 과거는 이미 지나가 버린 것이다. 과거는 다시 오지 않으며 기억해 낼 때만 존재하는 것이다. 과거의 영향은 과거가 아니라 기억해 내는 지금 현재이다.

과거가 현재를 가두는 감옥이어서는 안 된다. 인생의 여정에서 과거의 잘못에 대한 집착은 금기(禁忌)이다. 지나간 후회, 오래된 죄책감, 해묵은 원망을 되씹으면 현재의 문은 열리지 않는다. 과거는 바꿀 수 없으므로 해소할 길은 의식적으로 잊는 것이다.

사색

자살은 마음의 문제에 기인한다. 주어진 여건이 좋음에도 불구하고 인생에 회의를 느끼고 자살을 시도하기도 한다. 그러므로 '나는 누구인가, 어디서 왔나, 어디로 가나, 내가 올바로 살아가고 있나?' 하고 마음의 눈으로, 마음의 가슴으로 자신을 바라보는 사색이 필요하다. 그러면 조급함이 사라지고 삶에 대해 여유로움이 생기게 된다.

잠깐이라도 가만히 앉아 있어 본 적이 있는가? 가만히 앉아 있는 것만으로도 마음을 쉬면서 사색할 수 있다. 나아가 조용히 걸으면 사색이 더 깊어진다. 조용한 사색에서 새로운 영감과 지혜를 얻을 수 있다. 베토벤은 전원을 걸으며 사색하면서 전원교향

곡을 구상하였다.

자신 속에 너무 많은 생각으로 가득 차 있으면 안 된다. 일상에서 벗어남을 얻으려면 부단히 자신을 비워야 한다. 그 빈 곳을 만들기 위해 마음속의 일부를 비워두라. 때  때로 혼자서 신중하게 생각하면서 내면의 자기 자신과 대화하는 시간을 가져라. 문제의 단편들을 모으고, 해결책을 마련하기 위해 노력하고, 계획하고, 자신 내부에서 우러나오는 생각에 귀를 기울여라.

☑ **청소년 자살예방에 도움을 주는 기관**

- 24시간 정신건강 상담전화: 1577-0199
- 생명의 전화: 1588-9191
- 보건복지 콜센터 희망의 전화: 129,
- 한국자살예방협회 사이버 상담실(www.counselling.or.kr)
- 한국청소년 상담원 청소년 전화: 1388

읽기 자료

이것 또한 지나가리라

옛날에 한 왕이 사소한 일에도 마음이 몹시 흔들렸다. 때로는 갈팡질팡하면서 안정되지 않는 경우가 많아 사리를 판단하는 데 많은 어려움이 있었다. 그래서 왕은 소문난 현자를 불러 "어떻게 하면 내 마음에 평정을 가져올 수 있겠소?"라고 묻자 현자는 "제가 가지고 있는 이것은 매우 값이 비싸지만, 마음에 들어 하신다면 다음에 와서 선물로 드리겠습니다"라고 대답했다. 왕은 그렇게 하겠다고 약속했고, 현자는 떠났다.

얼마 후 현자가 다시 나타나 왕에게 선물이 담긴 상자를 건넸다. 그 안에는 붓글씨가 쓰여 있는 족자가 있었다. 그 글귀는 '이것 또한 지나가리라'였다. 왕이 "이 글씨의 의미가 무엇이오?"라고 묻자 현자는 "이 족자를 거처하시는 곳에 걸어두고 어떤 일로 인해 마음이 흔들리면 새겨진 글귀를 읽으십시오. 그렇게 하면 언제나 마음이 평화로움 속에 있게 될 것입니다."

'이것 또한 지나가리라'라는 이 단순한 말은 모든 상황의 덧없음을 자각하라는 뜻이다. 이 덧없음은 좋은 것이든 나쁜 것이든 모든 형상이 가진 무상함을 나타내는 속성이다. 이는 모든 것이 덧없으니 되는 대로 살라는 뜻이 아니며, 좋은 것들에 즐거워해서는 안 된다고 말하는 것도 아니다. 또한 고통의 시간에 약간의 위안을 제공하는 의미도 아니며 꿈을 실현하기 위한 노력을 하지 말라는 뜻도 아니다. 모든 형상의 무상함을 자각하여 집착을 줄이고, 자신을 동일시하는 것을 어느 정도 피한 마음 상태로 세상에 임하라는 뜻이다.

집착하지 않는다고 해서 세상이 제공하는 좋은 것들을 누려서는 안 된다는 의미가 아니다. 사실상 더 많이 누릴 수 있게 된다. 무상함을 알고 변화의 필연성을 받아들이면 세상의 즐거움이 이어지는 동안 상실의 두려움이나 미래에 대한 불안감 없이 그것을 즐길 수가 있다. 집착하지 않을 때, 삶에 일어나는 일들에 갇히지 않고 평안한 마음으로 내려다볼 수 있는 위치를 갖게 된다.

읽기 자료

성 윤리

스토킹, 성 희롱, 성 추행이나 성 폭행 등으로 여러 문제가 발생한다. 성 범죄를 저지른 가해자는 전과자가 되어 삶의 나락으로 떨어지고, 피해자는 엄청난 육체적·정신적 상처에 시달리게 된다. 성 추행이나 성 폭행은 본능만을 따르는 동물적인 행동으로 절대로 저질러서는 안 된다.

인간에게 있어 성이란 신비의 영역이면서도 불확실성의 영역이다. 인간의 성 행동에 대한 정상과 비정상에 대한 사회적인 정의나 개념은 시대에 따라 조금씩 변하고 있다. 그런데도 성인들 간의 정상적인 성 행동은 자발적인 행위이고, 서로의 동의로 이루어지므로 기쁨을 얻는 것이며, 서로의 자존심도 높여주고, 죄의식을 느끼지 않는다. 그 반면에 수동적이거나 충동적인 상태에서 발생하는 성 행동은 상대방에게 일방적으로 이용당하는 느낌을 주며, 기쁨보다는 죄의식을 불러일으킬 수도 있고, 또한 자존심을 떨어뜨릴 수도 있으며 비정상적인 것으로 간주한다.

인간이 지닌 성욕을 동물적인 것으로 생각하는 경우가 있는데 그렇지 않다. 성욕을 충족하고 표현하는 방식은 사람에 따라 다르다. 성욕은 성 행위를 함으로써만 해소되는 것이 아니라 성 에너지는 무의식의 세계에 묻혀 있으면서 삶의 에너지로 작용한다.

한 개인이 자신의 성욕을 어떻게 표현하고 해소하는가는 그가 살아가는 동안 자신도 모르게 몸에 익힌 성에 대한 태도이자 삶에 대한 태도에 달려 있다. 그러므로 성에 대한 태도는 그 사람의 인격 형성에 중요한 부분을 차지하게 된다.

인간의 성욕은 나만의 필요와 욕구에 의해서만 실행될 수 있는 것이 아니라 상대방의 필요와 욕구도 중요하다. 인간의 성은 생리적인 면만이 아니라 정신적인 사랑과 정서적인 배려가 큰 부분을 차지한다. 성욕은 발산으로 끝나는 것이 아니라 이성과의 더 깊은 인간관계와 애정이 있어야 한다. 성은 단순히 육체적인 것이 아니라 전 인간의 일부이기 때문에 성을 도구화하거나 수단화하는 것은 인간 자체를 수단화, 도구화하는 것이 된다. 이처럼 성행위는 남자와 여자 사이의 전 인간적인 사랑의 표현이기 때문에 자연스럽고 아름다운 것이다.

지은이 _ **윤문원**

인성교육 전문가, 작가. 저서로 《인성교육 만세》 《고등학교 인성》①·②·③ 《중학교 인성》①·②·③ 《초등학교 인성 ①②③》 《초등학교 인성 ④⑤⑥》 《유아 인성교육 만세》 《쫄지마 중학생》 《길을 묻는 청소년》 《잘나가는 청춘 흔들리는 청춘》 《인생에 그림이 찾아왔다》 《아버지 술잔에는 눈물이 절반이다》 《엄마가 미안해》 《영화 속 논술》 《49편의 말 많은 영화 읽기》 《논술 심층 면접 골격 답안》 등 50여 권이 있으며, 다수의 도서가 권위 있는 기관의 추천 도서로 선정되었고, 외국에도 수출되어 번역 출간되었다.

저서의 여러 글이 중·고등학교 검정 교과서(고등학교 문학, 중학교 국어, 중학교 도덕, 중학교 기술 가정)와 교사용 지도서 15곳에 게재되어 있다.

교육부 중앙교육연수원, 교육청, 방송통신대학교 프라임칼리지, 대학교, 중·고교, 기업·단체 등에서 인성 강의를 하였으며, EBS TV '교육 대토론회'와 '학교폭력 예방' 프로그램에 패널로 출연하였다.

중학교
인성 ❸

초판 1쇄 인쇄 | 2019년 3월 1일
초판 1쇄 발행 | 2019년 3월 5일

지은이 | 윤문원
펴낸이 | 심윤희
감수 및 교정·교열 | 김형준
디자인 | 최은숙
삽화 | 신혁

펴낸곳 | 씽크파워
출판등록 | 2005년 10월 21일 제397-2018-10호
주소 | 서울특별시 성북구 보국문로18길 19-7, 402호
전화 | 02-817-8046
팩스 | 02-817-8047
이메일 | mwyoon21@hanmail.net

ISBN 979-11-85161-24-2 (53190)